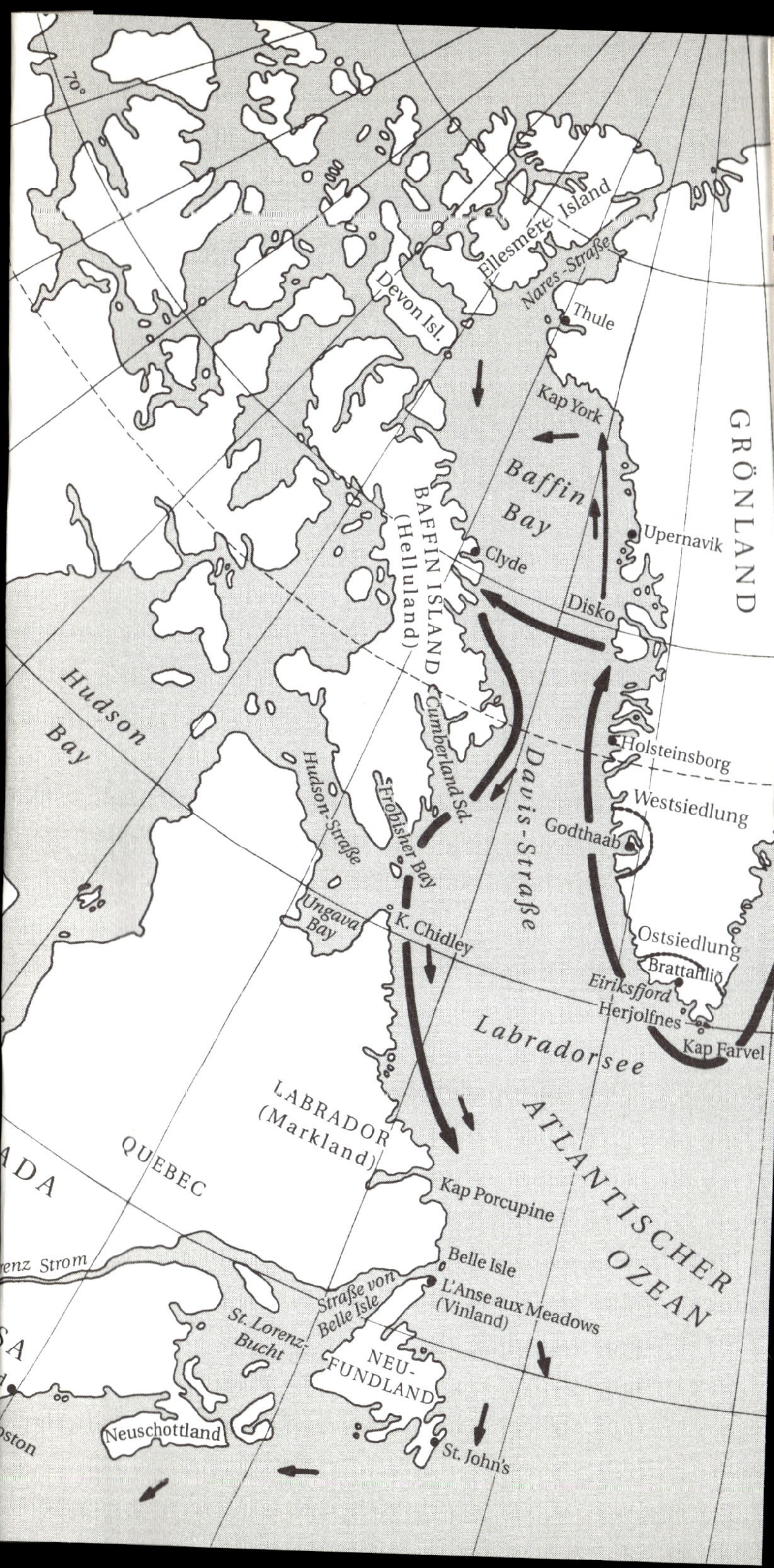
70°
Ellesmere Island
Nares-Straße
Devon Isl.
Thule
Kap York
GRÖNLAND
Baffin Bay
BAFFIN ISLAND (Helluland)
Upernavik
Clyde
Disko
Hudson Bay
Cumberland Sd.
Davis-Straße
Holsteinsborg
Westsiedlung
Godthaab
Hudson-Straße
Frobisher Bay
Ungava Bay
K. Chidley
Ostsiedlung
Brattahlið
Eiriksfjord
Herjolfnes
Kap Farvel
Labradorsee
ATLANTISCHER OZEAN
LABRADOR (Markland)
QUEBEC
ADA
Kap Porcupine
Belle Isle
renz Strom
Straße von Belle Isle
L'Anse aux Meadows (Vinland)
St. Lorenz-Bucht
NEUFUNDLAND
Neuschottland
St. John's
ston

Mare Glacia
Island
hoyerway
Ferôe
Frisland
Hetland
Orcades
Isles
Britannia
Directorum
Principum Territorio
GEOGRAPHICA
Descriptio Mare
Anno 1599.
Tyrnavia, SS. Iesu.
340
350
360
10
Mappa: Nº 56.

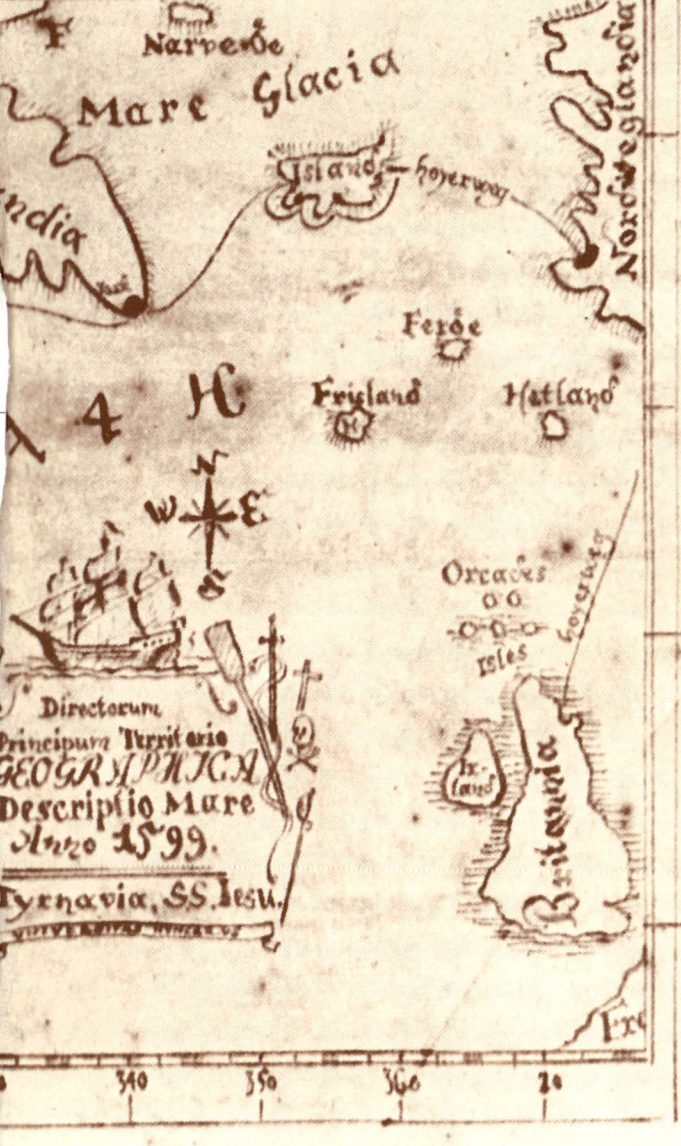

Knuth Lindh
WIKINGER

Knut Lindh

# WIKINGER

*Die Entdecker Amerikas*

Mit 18 Abbildungen

Aus dem Norwegischen
von Gabriele Haefs

Piper
München Zürich

Die norwegische Originalausgabe erschien 2000
unter dem Titel »Leiv Eiriksson. Oppdagelsen av Amerika«
im Pantagruel Forlag AS, Oslo

Die Übersetzung wurde gefördert von MUNIN
(Marketing Unit For Norwegian International Non Fiction)

ISBN 3-492-04369-0
© Pantagruel Forlag AS, 2000
Deutsche Ausgabe:
© Piper Verlag GmbH, München 2002
Karte: Jutta Winter, Oberammergau
Satz: Satz für Satz. Barbara Reischmann, Leutkirch
Druck und Bindung: GGP Media, Pößneck
Printed in Germany

*www.piper.der*

# Inhaltsverzeichnis

# TEIL DREI

# Vorwort

Es ist eine der spannendsten und abenteuerlichsten Episoden der nordischen Geschichte: Leif Eirikssohns gefährliche Seereise, die ihn vor über tausend Jahren nach Vinland führte. In einem offenen Boot durchquerten Leif und seine Männer eine der nördlichsten Wasserstraßen der Welt und waren somit die ersten Europäer überhaupt, die im später so benannten »Amerika« an Land gingen.

Die Wikinger bauten an der Nordspitze Neufundlands eine Siedlung und wollten sich in dem neuen Land niederlassen, doch dann kam es zu blutigen Zusammenstößen mit Indianern und Inuit (auch Eskimo genannt) – und die Neuankömmlinge zogen sich zurück. Doch wohin? Gingen sie allesamt wieder nach Grönland, oder haben einige vielleicht die amerikanische Ostküste in südlicher Richtung erforscht und sogar Vorstöße ins Innere des Landes gewagt? Haben sie sich mit Indianervölkern vermischt? Leben ihre Nachkommen vielleicht noch heute in Amerika?

Auch das Schicksal der nordischen Grönländer ist ein Mysterium, das Wissen über dieses Volk ist zum Teil in den Wirren der Zeiten verloren gegangen. Zu einem bestimmten Zeitpunkt sind sie aus ihren kleinen Siedlungen auf Grönland verschwunden. Aber was war mit ihnen geschehen? Wurden sie von den Inuit ermordet? Zwangen die Notzeiten sie dazu, in das von Leif Eirikssohn entdeckte Land auszuwandern? Oder wurden sie von portugiesischen Seeräubern verschleppt und beendeten ihre Tage als Sklaven in Portugal und auf Madeira?

Schon als Kinder hörten wir die Geschichte von Christoph Kolumbus und seiner heldenhaften Seereise zu den karibischen Inseln – sie wurde uns in der Schule erzählt, und in zahllosen Filmen und Fernsehserien sind uns der Genueser Entdecker und seine Taten begegnet. Aber wo bleibt Leif Eirikssohn, der fünfhundert Jahre zuvor unter Einsatz seines Lebens den Weg über das Meer nach Vinland fand, ohne Karte oder Kompaß als Hilfsmittel?

Es ist behauptet worden, daß es sich bei den Berichten über die Fahrten nach Vinland einfach nur um Sagen handele. Der italienische Historiker Gianni Granzotto schreibt 1984 in seiner großen Kolumbus-Biographie, die Wikinger hätten »keine Spuren oder schriftliche Dokumentationen« über ihre Entdeckungen in Amerika hinterlassen: »Die Erinnerung daran, was sie getan oder nicht getan haben, ist kein Teil der Geschichte. Sie lebt nur durch Sagen und mündliche Überlieferung weiter, nur als Hinweis, als eine Vorstellung im Leerraum.«

Granzotto schrieb das zwanzig Jahre nachdem Präsident Lyndon B. Johnson dem einstimmigen Beschluß des US-Kongresses gefolgt war und den 9. Oktober zum *Leif Erikson Day* ausgerufen hatte.

Seine Formulierung steht außerdem im starken Widerspruch zu einem Artikel, den das US-amerikanische Magazin *Time* 1999 veröffentlichte, und in dem die Siedlung L'Anse aux Meadows als eine der größten Entdeckungen des 20. Jahrhunderts bezeichnet wird. Der Artikel basiert auf den Arbeiten von Forschern aus aller Welt, in denen diese Siedlung als Beweis dafür angeführt wird, daß die nordischen Grönländer fast fünfhundert Jahre vor Kolumbus Amerika erreicht hatten.

In einem Interview mit der norwegischen Zeitung *Aftenposten* sagte der Autor Helge Ingstad im Jahre 1989: »Wir haben bewiesen, daß Kolumbus zu spät gekommen ist. Aber Leif Eirikssohn war zu früh. Seine Leute verfügten ungefähr über die gleichen Waffen wie die einheimische Bevölkerung. Pfeil, Bogen und Speer. Kolumbus hatte Feuerwaffen und war damit den Indianern im Kampf haushoch überlegen.«

Die Seereise des Kolumbus, die diesen zu den karibischen Inseln führte, sollte ganz andere und weiterreichende Konsequenzen für die Entwicklung des amerikanischen Kontinents haben als die von Leif Eirikssohn so viele Jahre zuvor unternommene Expedition nach Vinland. Das neue Land wurde kolonisiert, die dortige Bevölkerung wurde von ihren Jagdgründen vertrieben und weitestgehend ausgerottet, große Reichtümer wurden nach Europa geschafft und eine neue Nation wurde aufgebaut.

Leif Eirikssohns Entdeckung des neuen Landes im Westen hatte keine solchen Folgen. Die Vinlandfahrer wurden von Neugier getrieben, nicht vom Drang, sich neues Land zu unterwerfen. Sie waren Fischer und Bauern, die am nördlichsten Rand Europas ein hartes

9

Dasein fristeten. Ihr einziger Wunsch war es, sich in einem milderen Klima niederzulassen.

Inzwischen können wir unzweifelhaft feststellen: die Vinlandfahrer waren die ersten Europäer, die den amerikanischen Kontinent betraten. Das macht sie zu den Hauptpersonen in einem der spannendsten Kapitel der nordischen Geschichte. Einem Kapitel, das von Reiselust und Neugier handelt, dem Antrieb, der jeder neuen Erkenntnis zu Grunde liegt.

Die Geschichte der Entdeckung Vinlands setzt an einem Sommertag gegen Ende des ersten Jahrtausends ein. Wir befinden uns auf einer Knorre, die von Island nach Grönland segelt. Der Kapitän heißt Bjarni. Er ist vom Kurs abgekommen und weiß nicht, wo er sich befindet. Willkommen an Bord.

Oslo, 20. 7. 2000
*Knut Lindh*

# TEIL EINS

*Vieh stirbt,*
*Sippe stirbt,*
*und so sterben auch wir;*
*der Glanz des Wortes*
*stirbt nie*
*in ehrenvoller Nachrede.*

aus dem Hávamál
(Sammlung von altnordischen
Spruchweisheiten)

Für die altnordischen Eigennamen gibt es keine verbindliche deutsche Schreibweise. So taucht z. B. ein und dieselbe Person in der deutschen Wikinger- und Sagaliteratur auf als: Erich der Rote, Erik der Rote, Eirik der Rote, Eirik den Röde/Røde, Erik den Röde/Røde, Eirik Raudi und Eirik Rauði. Für dieses Buch wurde eine Schreibweise gewählt, die dem altnordischen Original möglichst nahekommt, die jedoch auf im Deutschen unübliche Schriftzeichen weitestgehend verzichtet.

# Bjarni sieht Land im Westen

*Seit drei Tagen hatten sie gute Wetterverhältnisse gehabt und die Insel im Osten war längst hinter ihnen im Meer versunken. Bald müßte das neue Land, das Eirik der Rote Grönland nannte, am Horizont in Sicht kommen.*

*Bjarni Herjolfssohn verließ sich auf die Anweisungen, die ihm auf Island erteilt worden waren. Er war Kaufmann und ein erfahrener Seemann, und er zweifelte nicht daran, daß seine Peilungen zutrafen und sie sich auf dem richtigen Kurs befanden.*

*Der Wind legte sich. Bjarni fluchte leise, als die Rah gegen den Mast schlug und eine Welle die Knorre von der Seite her traf. Er schickte die Männer an die Ruder. Es war wichtig, das Schiff quer zu den Wellen zu halten. Er wußte, daß ein Brecher das Schiff sonst sehr schnell mit Wasser füllen konnte.*

*So kämpften sie einige Stunden und vielleicht auch noch länger gegen die Naturkräfte an. Dann knallte das Rahsegel, das sich ohne Vorwarnung mit neuem Wind gefüllt hatte – der Wind kam von Norden und war kälter als der vorige.*

*Der Nordwind führte Nebel mit sich. Als Bjarni eine*

*Weile später die Männer am Bug kaum noch erkennen
konnte, spürte er, daß die Unruhe aus seinem Kopf in
seinen Bauch gewandert war und er befahl, das Segel
einzuholen.*

*Er sprach ein stilles Gebet, er wußte nicht, zu wem. Er
hatte von dem neuen großen Gott gehört, den die Mönche aus dem Süden mitgebracht hatten, und der angeblich seine schützende Hand über Seefahrer in Not hielt –
aber nur über die, die sich bekehrt hatten und die alten
Gottheiten verleugneten.*

*Sie trieben umher, so, wie es Meer und Wind eben ge-
fiel. Auch die Mannschaft wurde jetzt nervös. Hatte der
Kapitän nicht behauptet, daß sie ihr Ziel bald erreicht
haben würden? Und sie vor Eisbergen gewarnt? Aber sie
konnten weder Eisberge noch Land oder unter Wasser
liegende Felsen entdecken. Alle wußten, daß eine zu
plötzliche Begegnung mit dem Land, das Grönland genannt wurde, ihren Tod bedeuten konnte. Einer der
Männer schrie auf, als vom Bug her ein Knall zu hören
war, doch der stammte von einer einzelnen Welle, die
plötzlich aufgetaucht war. Tjolders Name stahl sich
über Bjarnis Lippen. Keiner an Bord hatte sich zu dem
neuen Gott bekehrt, weshalb sie aus dieser Richtung
wohl kaum Hilfe erwarten konnten.*

*Der Tag wich der Nacht und sie wußten nicht mehr, in
welche Richtung sie getrieben wurden. Einer der Männer hatte vom Meermann gehört, der angeblich über
das Meer vor Grönland herrschte, einem riesigen men-
schenähnlichen Troll, der einen spitzen Helm auf dem
Kopf trug. Einige von den anderen baten ihn, dieses
Thema fallenzulassen, und eine Zeitlang schwiegen
alle. Wie ein Gespensterschiff glitt die Knorre weiter*

über das Nebelmeer. Waren sie unterwegs zum Ginnun-
gagap, dem Urraum, dem wilden Wasserfall, an dem die
Welt endete? Oder würden sie durch dieses Schatten-
land treiben müssen, bis Hunger und Durst sie ums Leben brachten?

Ein neuer Tag. Bjarni war in eine Art Halbschlaf versunken, als die Stille von einem Aufschrei zerrissen
wurde: Sonne!

Alle starrten in dieselbe Richtung. Dann durchbohrte
ein Sonnenstrahl die Nebeldecke, dann noch einer...
und noch einer, bis endlich am Osthimmel die Sonne zu
sehen war. Dann kam der Wind, und der Mißmut der
Männer verdunstete mit dem Nebel.

Sie segelten den ganzen Tag und die ganze Nacht. Als
der neue Tag graute, rief einer der Männer: Land! Alle
fuhren herum. Der Rufende stand mittschiffs auf der
Backbordseite und hatte die Hand ausgestreckt. Jetzt
sah auch Bjarni einen Landstreifen, der sich vage am
westlichen Horizont abzeichnete.

»Soll ich den Kurs ändern?«

Diese Frage hatte der Rudergänger gestellt.

Bjarni dachte nach und sagte dann: »Ich rate dazu,
dicht an das Land zu segeln.«

Sie änderten den Kurs und näherten sich dem Land.

»Ist das Grönland, Bjarni?«

Der Mann, der diese Frage stellte, starrte eifrig auf die
fremde Küste. Als keine Antwort kam, fragte er noch einmal. »Kann das Grönland sein?«

Bjarni schüttelte den Kopf. Dieses Land war nicht
gebirgig, wie die Isländer Grönland geschildert hatten.
Es war mit Wald bedeckt, und so weit das Auge reichte,
sahen sie sanfte Hügelketten.

*Dann verschwand diese Küste hinter ihnen, doch am nächsten Tag sahen sie neues Land. Die Männer wurden jetzt ungeduldig, und als sie sich dem Land näherten, fragten sie immer wieder: »Ist das Grönland, Bjarni?« Bjarni gab zur Antwort: »Ich glaube nicht, daß das hier Grönland ist, ebenso wenig wie das Land von gestern. Angeblich gibt es auf Grönland viele hohe Gletscher«. Und alle konnten ja sehen, daß diese Küste flach und bewaldet war.*

*Die Männer waren des Schiffes nach der langen Überfahrt langsam überdrüssig und sehnten sich danach, endlich wieder festen Boden unter den Füßen zu spüren. Einige schlugen vor, an Land zu gehen. »Wir brauchen Holz und Wasser«, klagten sie.*

*Aber Bjarni war auf diesem Ohr taub. »Ihr seid für solche Unternehmungen nicht gerüstet«, sagte er und ließ sie Segel setzen.*

*Einige der jüngeren Männer murrten und einzelne widersprachen ganz offen, doch Bjarni ließ sich nicht beirren. Sie kehrten dem Land das Heck zu und segelten mit dem Südwestwind. Bald war die fremde Küste hinter ihnen im Meer versunken.*

*Drei Tage und drei Nächte vergingen. Die erschöpften Männer in dem offenen Holzboot faßten neuen Mut, als sich vor dem Westhimmel abermals Land abzeichnete. Dieses Land wies viele Berge und Gletscher auf. Und da mußte es sich doch um Grönland handeln?*

*Aber Bjarni rechnete damit, die grönländische Küste im Osten zu sehen, und deshalb sagte er: »Nein, wir fahren weiter. Dieses Land kommt mir ganz und gar unfruchtbar vor.«*

*Sie holten die Segel nicht ein, sondern fuhren an der*

Küste entlang und stellten fest, daß es sich bei diesem neuen Land um eine Insel handelte. Danach befahl Bjarni, ein weiteres Mal auf das offene Meer zuzuhalten. Diesmal mit Kurs nach Süden.

Nach einiger Zeit wurde der Wind wieder stärker, und Bjarni bat die Männer, die Segel zu reffen und nicht schärfer zu segeln, als Schiff und Geräte ertragen könnten. Erst nach vier weiteren Tagen und Nächten sahen sie wieder Land.

»Glaubst du, das ist Grönland, Bjarni?«

Die Männer starrten sehnsüchtig auf den Landstreifen im Osten und ihre Erleichterung war groß, als Bjarni antwortete: »Es hat Ähnlichkeit damit, was mir über Grönland erzählt worden ist, und deshalb werden wir hier an Land gehen.«

# Eirik der Rote
## entdeckt Grönland

Eirik der Rote war außer sich vor Wut. Eyolf Saur hatte mehrere seiner Leibeigenen getötet, und kein Ehrenmann könnte die Motive für diese brutale Tat gutheißen. Die Leibeigenen hatten angeblich auf dem Hof von Valthjof, einem Verwandten Eyolfs, eine Lawine ausgelöst, aber war das noch lange kein Grund, sie wie Vieh abzuschlachten. Auf Island kam man nur schwer an neue Sklaven, und sie aus dem Ausland einzuführen, kostete ein Vermögen.

Eirik schwor Rache und brachte bald darauf Eyolf und Valthjofs Gefolgsmann Holmgang-Ravn um. Damit war die Schmach gerächt.

Eirik und seine Familie waren für ihr hitziges Temperament bekannt. Ihre Untaten waren Schuld daran, daß sie auf diesem Außenposten weit oben im westlichen Meer gelandet waren. Die Sagas berichten nicht viel darüber, aber Eirik und sein Vater Thorvald waren einige Jahrzehnte vor der Jahrtausendwende in einen Mord im westnorwegischen Jæren verwickelt gewesen und nach Island geflohen, um sich der Rache zu entziehen. Sie ließen sich in Drangar nieder und hausten dort bis zu Thorvalds Tod. Dann heiratete Eirik Thjodhild und zusammen reisten sie südwärts ins Haukatal, wo sie sich niederließen und Land urbar machten.

Eirik der Rote fühlte sich wohl auf Island, und eigentlich hätten er und Thjodhild sich dort in Sicherheit fühlen können. Sie bekamen drei Söhne. Den ersten nannten sie Leif, und er sollte später als erster Europäer Amerika betreten.

Während der ersten Neusiedlerzeit auf Island gab es keine Gesetze und keine Institutionen, um Konflikte zu lösen, die zwischen den Siedlern entstanden. Es galt das Prinzip Auge um Auge und Zahn um Zahn. Es galt als schmähliches Verbrechen, die Ehre eines anderen Mannes herauszufordern, und wer fürchtete, das Gesicht verloren zu haben, wurde oft zum Mörder.

In dieser Neusiedlergesellschaft, in der Gesetzlosigkeit herrschte und wo die Gefahren hinter jedem Berg und jeder Landzunge auf der Lauer lagen, konnten nur Sippe und Gefährten für Geborgenheit sorgen. Je mehr Verwandte und Freunde man hatte, um so besser stand man da, wenn eine Sippenfehde ausgerufen wurde. Die Pflicht, einen Verwandten zu rächen, kam seiner Sippe zu, und eine Sippe konnte sehr groß sein. Oft bestand enger Kontakt zu Verwandten bis zum siebten und achten Verwandtschaftsgrad.

Aber Eirik hätte eine andere Lösung finden können, als Eyolf Saur und Holmgang-Ravn zu erschlagen. Denn obwohl Island damals noch keine eigene Nation war, waren dort doch Gesetze erlassen und Gerichtshöfe eingesetzt worden, die dann eingreifen sollten, wenn die Inselbewohner ihre Konflikte nicht selber lösen konnten.

Es fing damit an, daß der Neusiedler Ulvljot nach Norwegen geschickt wurde, um sich über die norwegischen Gesetze zu informieren. Nach seiner Heimkehr wurden beim ersten isländischen Allting 930 die *Ulvljots-Gesetze* angenommen. Zugleich wurden eine gesetzgebende Versammlung einberufen, das sogenannte Lagrett, und ein gemeinsamer Gerichtshof geschaffen.

Doch Freunde und Verwandte blieben weiterhin wichtig, denn es gab keine Institution, die die Urteile durchsetzen konnte. Der Gerichtshof konnte einem Kläger Recht geben, doch sich das Recht zu verschaffen, war weiterhin Aufgabe des Klägers. Aus diesen Gründen war Island zur Zeit Eiriks des Roten weiterhin geprägt von blutigen Sippenfehden.

Sowohl Eyolf als auch Eirik hatten sich über Recht und Gesetz hinweggesetzt, doch Eyolfs Verwandte beschlossen, diesmal den Gerichtsweg zu gehen. Eirik wurde des Mordes an Eyolf und Holmgang-Ravn für schuldig befunden und mußte deshalb das Haukatal verlassen. Er und seine Familie zogen nach Westen und ließen sich in Öksney am Breiðafjord nieder.

Vor seinem Aufbruch jedoch verlieh Eirik seine Bankbretter noch an einen gewissen Thorgest, was zu neuen Streitigkeiten führte, bei denen Eirik im Mittelpunkt stand. Nach einiger Zeit wollte Eirik seine Bretter zurückhaben, doch Thorgest wollte sie nicht mehr herausgeben. Eirik zog mit seinen Männern zu Thorgests Hof und holte sich die Bretter mit Gewalt. Thorgest und dessen Leute setzten ihnen nach und wieder endete die Sache mit einem Blutbad. Zwei von Thorgests Söhnen wurden ermordet und mehrere andere Teilnehmer an der Schlägerei erlitten dasselbe Schicksal.

Es sind oft Kleinigkeiten, die den Lauf der Geschichte ändern – in diesem Fall einige Bankbretter, Bretter also, die vor die Bank gelegt wurden, die im Haupthaus eines altnordischen Hofes an der Wand entlanglief. Da die Bankbretter, um die es hier geht, die Gemüter dermaßen in Erregung versetzen konnten, müssen wir annehmen, daß es sich um ganz besonders schön geschnitzte Exemplare handelte.

Thorgest hatte danach offenbar genug vom Blutvergießen und brachte den Fall vor das Ting. Die Sache endete damit, daß Eirik und seine Männer für vogelfrei erklärt wurden. Das bedeutete, daß sie ihr Eigentum verloren und daß wer immer wollte sie töten durfte, ohne Strafe befürchten zu müssen. Wer ihnen half oder ihnen Unterkunft gewährte, galt danach ebenfalls als vogelfrei.

Es war ein hartes Urteil und Eirik wußte, daß Thorgest ihn überall in Island suchen ließ. Er mußte Island also verlassen, wenn ihm sein Leben lieb war, und er versteckte sich bei seinem Freund Eyolf auf Sviney, während in aller Heimlichkeit sein Schiff seefest gemacht wurde.

»Ich will die Gunnbjörnsschären finden«, vertraute er Eyolf an. »Wenn mir das gelingt, komme ich zurück.«

Eirik bezog sich auf einige Inseln, die Gunnbjörn Ulvssohn einige Jahre zuvor entdeckt hatte, als er den Kurs verloren hatte und nach Westen getrieben worden war. Vermutlich handelte es sich dabei um Inseln in der vor der grönländischen Südküste gelegenen und heute Ammassalik genannten Gegend.

Als das Schiff bereit war, hißten sie die Segel und hielten Kurs nach Norden. Einige von Eiriks Freunden begleiteten ihn bis hinter die Inseln vor Eiriksvåg. Als sie sich trennten, sagte Eirik: »Ich werde euch eine ebenso große Hilfe sein, wenn ich eine Gelegenheit dazu finde und ihr mich brauchen solltet.«

Eirik fand, wonach er suchte, ein Stück Land, das er Midjøkel nannte. Er segelte Richtung Süden an der Küste des neuen Landes entlang und untersuchte, ob es bewohnbar war.

Den ersten Winter verbrachten Eirik und seine Männer auf einer Insel vor der grönländischen Südküste. Das Land war kalt – ein großer Gletscher bedeckte damals große Teile des Binnenlandes. Doch an den Fjorden herrschte ein milderes Klima, und hier gab es ausgedehnte Weidegründe. Die Insel kam denen, die im Sommer vom offenen Meer aus auf sie zuhielten, wirklich grün vor.

Als der Frühling kam, segelten Eirik und seine Männer um die Südspitze des neuen Landes herum und fanden einen geeigneten Wohnplatz an einem Fjord, den sie Eiriksfjord nannten. Es war sehr schön dort, ein Grasteppich breitete sich zu Füßen des schneebedeckten Berges aus und erstreckte sich hinunter bis zum Fjord. Das Wasser war dunkel und tief und verbarg große Fischbestände. Hier war es möglich, sich niederzulassen und zu leben.

Das Wetter wurde wärmer und Eirik segelte ein Stück weit die Westküste hinunter. Unterwegs gab er den Orten, die sie passierten, Namen. Später erforschte er die Küste bis hinauf zum Snæfellsjökull im Norden. Den dritten Winter verbrachte er auf Eiriksinsel in der Mündung des Eiriksfjordes, und als dann der Sommer kam, kehrten sie nach Island zurück.

Die Sagas berichten, daß Eirik das neue Land Grönland nannte, um durch diesen schönen Namen neue Siedler anzulocken. Aber das muß nicht die zutreffende Erklärung sein. Anderen Quellen zufolge hat bereits 831 Papst Gregor in einem Brief an Ansgar, den Apostel des Nordens, der damals als päpstlicher Nuntius für die nordischen Länder fungierte, den Begriff »Groenlandia« benutzt. In diesem Brief teilt der Papst mit, Groenlandia solle dem Bistum Hamburg unterstellt werden. Wenn das zutrifft, dann waren vermutlich schon lange vor Eirik dem Roten Europäer auf Grönland.

Doch Eirik und seine Männer fanden bei ihrer Ankunft in Grönland weder Menschen noch Siedlungen vor – sie fanden nur Spuren der Inuit, die viel früher dort eingewandert waren. Die Vorfahren der heutigen Inuit, das Thule-Volk, erreichten die nordgrönländische Küste ungefähr zur selben Zeit, als Eirik der Rote sich im südlichen Teil des Landes niederließ. Das Thule-Volk kam aus Alaska, und die nordischen Siedler trafen sie später jedes Jahr auf der Jagd in einem Gebiet, das sie Norðrseta nannten, und das vermutlich in der Nähe der Diskobucht an der grönländischen Westküste gelegen hat.

Eirik besaß keinen Hof mehr auf Island, konnte aber den Winter bei Ingolf auf Holmlåt verbringen. Als der Frühling kam, wollte er mit Thorgest abrechnen. Es kam zum Kampf, Eirik wurde besiegt, kam jedoch mit dem Leben davon. Nach diesem Kampf, so heißt es, haben die beiden dann Frieden geschlossen.

Doch Eirik hatte nicht vor, auf Island zu bleiben. Er wollte zu den reichen Weidegründen am Eiriksfjord zurückkehren und er fuhr nicht allein. Insgesamt stachen in diesem Sommer fünfundzwanzig Schiffe von Island aus in westlicher Richtung in See. Vielleicht hatten sich bis zu dreihundert Menschen von Eiriks wunderschönen Beschreibungen von Grönland verlocken lassen. Sie mußten alles mitbringen, was sie im neuen Land für ihren Lebensunterhalt brauchten – Ziegen und Kühe, Pferde, Schweine und Proviant.

Die isländischen Neusiedler begaben sich auf eine gefährliche Reise, und das war ihnen auch bewußt. Im »Königsspiegel«[1] wird vor vielen Gefahren im gröndländischen Meer gewarnt. Die nordischen Seeleute waren angeblich dort auf einen Troll gestoßen, den sie *havstramb* nannten, den Meermann. Es handelte sich um einen riesigen Seetroll, der vor hohem Wellengang und harten Stürmen senkrecht aus dem Wasser auftauchte. Er hatte Schultern, Hals und Kopf eines Mannes, sein Unterleib jedoch wurde von seinen Hüften abwärts immer schmaler. Die einen behaupteten, das Ungeheuer habe einen Fischschwanz, die anderen wollten wissen, daß sein Körper unten spitz zulaufe wie ein Pfahl.

Andere Seefahrer wollten auf *margyger* gestoßen sein, die im »Königsspiegel« als Meerfrauen beschrieben werden: »Sie waren vom Gürtel nach oben beschaffen wie Frauenzimmer, denn sie hatten große Brustwarzen wie eine Frau, dazu lange Arme und lange Haare, und Hals und Kopf waren in jeglicher Hinsicht denen der Menschen gleich. Die Hände dieses Trollwesens schienen groß zu sein, doch ihre Finger konnten sie nicht trennen, sie waren verbunden durch eine Art Schwimmhaut, wie sie zwischen den Zehen der Seevögel sitzt. Unterhalb des Gurtels sahen diese Wesen aus wie Fische, mit Schuppen, Fischschwanz und Flossen.«

Diese Variante der Meerfrauen hat sich angeblich so verhalten wie der Meermann und ist fast nur vor großen Stürmen aufgetaucht.

Der »Königsspiegel« beschreibt auch die *havgjerdinger,* die »aussehen wie alle Meeresstürme und alle Wellen, die es in diesem Meer gibt, sie treffen sich an drei Stellen, und dabei entstehen drei Wellen. Diese drei sperren das ganze Meer ab, die Menschen sehen nirgendwo eine Öffnung, und sie sind höher als große Berge und ähneln meist steilen, spitzen Berggipfeln«.

Wir wissen nicht, ob Eirik der Rote und die anderen Auswanderer sich diesen Wesen stellen mußten. Wir wissen aber, daß nur vierzehn Schiffe Grönland erreichten, die anderen erlitten Schiffbruch oder mußten umkehren. Doch die, die Grönlands Küsten erreichten, fanden, was sie gesucht hatten – saftige Weiden, Fjorde voller Kabeljau, Flüsse und Seen reich an Saibling, zeitweise wimmelte es nur so von Vögeln und in Eiriks Land gab es mehr Wild, als sie zu träumen gewagt hatten: Wal, Seehund, Walroß, Rentier und Eisbär. Die Walroßjagd gewann schließlich große Bedeutung – die langen Walroßzähne waren in Europa ebenso begehrt wie Elfenbein und aus der Haut stellten die Siedler Schiffstrossen von hoher Qualität her.

Grönlands neuer Bevölkerung fehlte es nur an einem, nämlich an Holz. Schon damals gab es auf Grönland keine Wälder, nur Weidengestrüpp und vereinzelte Birken, weshalb sie ihre Häuser aus Steinen und Grassoden bauen mußten. Holz für Dachstühle und Pfosten

lieferte ihnen vermutlich Treibholz, das an den Stränden angeschwemmt wurde. Der einzige Brennstoff,
den sie hatten, war ebenfalls Treibholz, das sie auf ihren
Jagdausflügen entlang der Küste sammelten.

Sie ließen sich in der Ostsiedlung im Süden und in
der Westsiedlung im weiter nördlich gelegenen Fjord-
gebiet nieder. Die Siedler wollten am liebsten im
Fjordinneren wohnen. Dort herrschte ein milderes
Klima als am offenen Meer und es gab die besten Weidegründe. Doch nicht alle dachten so. Einige siedelten
sich trotzdem an der Küste an, und auch oben unter
dem Eis im Binnenland sind Hausruinen gefunden
worden.

In den folgenden Jahren stieg die Bevölkerung an,
bis schließlich zwischen dreitausend und sechstau-
send nordische Siedler dort hausten, verteilt auf etwa
dreihundert Gehöfte. Dänische Archäologen haben
Überreste von fast all diesen Höfen und außerdem
die Ruinen von neunzehn Kirchen und zwei Klöstern
gefunden.

Auch Brattahlið, der Hof Eiriks des Roten, und die
Kirche, die Thjodhild der Saga nach errichten ließ,
nachdem sie sich zum Christentum bekehrt hatte, sind
von Archäologen entdeckt worden. Auf dem Friedhof
wurden hundertvierundvierzig Skelette gefunden,
weshalb wir wissen, daß die nordischen Grönländer
gesund und stark waren und für die damalige Zeit auf
Grönland offenbar auch ein gutes Leben führten. Ihre
Zähne waren arg strapaziert, wiesen aber keine Spuren
von Karies auf, und die Männer waren kräftig gebaut
und hatten gutentwickelte Muskeln. Die höchste Lebenserwartung lag damals für Männer und Frauen bei

etwa fünfzig Jahren, was der allgemeinen Lebenserwartung der nordischen Bevölkerung Skandinaviens jener Zeit entsprach.

Vom Grönland war es nicht weit nach Amerika. Die Davisstraße, die Grönland und den amerikanischen Kontinent trennt, mißt an ihrer schmalsten Stelle nur zweihundertfünfzig Seemeilen, was für die nordischen Seeleute, die die mindestens fünfzehnhundert Seemeilen lange Überfahrt von Grönland nach Norwegen gewohnt waren, wirklich keine große Herausforderung bedeutete.

Doch ehe Bjarni Herjolfssohn auf dem Weg nach Grönland vom Kurs abgekommen war, wußte in Europa offenbar niemand, daß es noch weiter im Westen ebenfalls Land gab.

# Leif Eirikssohn

Das breite Handelsschiff gleitet langsam in den Eiriksfjord. Die Menschen an Land, im Fjordinneren, beob-
achten es schon, seit es um die Landzunge gebogen ist.
Ein untersetzter Mann mit üppigem kohlschwarzen
Bart steht am Bug. Als das Schiff das Land fast erreicht hat, wirft er die Trosse einem bereitstehenden
Knaben zu.

Ein Handelsschiff aus Norwegen! Darauf haben sie
den ganzen Sommer gewartet und die Hoffnung fast
schon aufgegeben. Ihr letzter Kontakt mit dem Festland liegt schon nahezu zwei Jahre zurück. Im Vorjahr
hat einmal ein isländisches Schiff eine Ladung Korn
und Salz gebracht, doch es stach schon zwei Tage
später wieder in See, voll beladen mit Walroßzähnen
und Fuchs- und Eisbärfellen. Die Waren sollten auf
den Märkten weiter südlich in Europa verkauft werden und das Schiff mußte vor Einsetzen der Herbst-
stürme Dänemark erreichen.

Es fällt nicht schwer, sich den jungen Leif vorzustel-
len, wie er über den Anlegesteg unterhalb von Brattahlið läuft, eifrig bestrebt, Gerüche und Eindrücke aus

einer Welt jenseits der Polarinsel in sich aufzusaugen. Sein Vater ist der Neusiedler schlechthin, eine mächtige Person auf Grönland, und wenn Reisende am Eiriksfjord eintreffen ist er derjenige, der bereitsteht, um sie zu empfangen und ihnen Unterkunft zu gewähren.

Worüber sprechen sie wohl am Feuer im Haupthaus des Gehöfts, die nordischen Grönländer und die Kaufleute, die zu Besuch gekommen sind? Sie tauschen Neuigkeiten aus, wie die Menschen das zu allen Zeiten getan haben. Vielleicht erzählt Eirik der Rote von dem reichen Kabeljaufang und den vielen Walrössern, die sie im vergangenen Winter in Norðrseta erlegt haben. Die Weitgereisten berichten von der Christianisierung Islands und davon, wie die grönländischen Waren in den Ländern im Süden aufgenommen werden. Sie erzählen, daß Schiffstrosse aus grönländischer Walroßhaut noch in Spanien verwendet werden, und daß die weißen Falken, die sie bei ihrem letzten Besuch mitgenommen haben, für schwindelerregende Summen an arabische Scheichs veräußert werden konnten.

Leif und seine Geschwister sitzen im Schatten hinter dem Feuer und lauschen. Das hier ist ihre Märchenstunde. Vielleicht hat der Sohn des Neusiedlers schon an der Walroßjagd bei Norðrseta teilgenommen oder die weißen Falken gefangen, die in den warmen Ländern so begehrt sind. Die reiche Tierwelt seiner Heimat ist ein Teil seines Lebens. Schon mehrere Male hat er große Wildrenherden von der Küste durch die Berge ziehen sehen, und Brattahlið wird von Wölfen und Eisbären besucht, weshalb er längst gelernt hat, Achtung vor diesen gefährlichen Tieren zu haben.

Walfang ist nichts für Kinder. Leif hat am Strand gestanden und seinen Vater und dessen Männer mit den riesigen Meeressäugern im Schlepp an Land kommen sehen. Aber am Kabeljaufang darf er sich bereits beteiligen. Manchmal stehen die Fische im Eiriksfjord so dicht, daß sie schon beißen, wenn die Schnur noch nicht ganz im Wasser hängt, und die Flüsse und Seen im Binnenland wimmeln nur so von Saiblingen, die nie gelernt haben, sich vor den Ködern in Acht zu nehmen, die die Grönländer an ihren Haken aus Knochenstücken befestigen.

Die Reisenden finden eine gut organisierte Gemeinschaft vor. Das Haus Eiriks des Roten ist nicht schlechter eingerichtet, als sie es von zu Hause her gewohnt sind. Es ist aus Stein errichtet und mit soliden Wällen aus Grassoden umgeben, die die Kälte aussperren. Das Haus ist lang und rechteckig und hat mehrere Feuerstellen. Eine liegt an der Längswand gegenüber der Tür, und an dieser Feuerstelle sitzen an diesem Abend Eirik, seine Familie und die Kaufleute.

Die Gastfreundschaft ist groß und die Besucher werden mit Rentierfleisch, Seehund, Schneehuhn und Hase traktiert. Zu trinken gibt es *skýr*, eine Art Quark aus Schafsmilch, der in großen Holzschüsseln aufgetischt wird. Den Gästen wird ungesalzene Butter und Käse angeboten und am Ende gibt es den größten Luxus des Landes – Brot. Auf Brattahlið ist vereinzelt versucht worden Getreide anzubauen, viel dabei herausgekommen ist jedoch nicht. In guten Sommern wächst manchmal im geschützten Teil der Bucht Hafer, aber eine große Ernte ist dabei nicht zu erwarten. Klima und Erdreich sorgen nicht für die nötige Nahrung und nur die Reichsten können sich einige Säcke Mehl kaufen, wenn die Handelsschiffe aus Island und Norwegen vor Anker liegen.

Thjodhild und zwei leibeigene Frauen sind die ganze Zeit am Werk und sorgen für das Wohlbefinden der Gäste. Die Frauen auf Grönland sind an harte Arbeit gewöhnt. Sie bereiten das Essen zu, hüten die Kinder und bessern Kleidungsstücke und Segel aus. Sie spinnen und weben alle Stoffe selbst, sie nähen Stiefel aus Seehundsfell und Wintermäntel aus Rentierfell. Außerdem melken sie die Kühe, buttern und stellen Käse her.

Die Männer liegen allerdings auch nicht auf der faulen Haut. Sie bringen Lebensmittel ins Haus, und wenn sie nicht fischen oder jagen, stellen sie Werkzeuge und Waffen her. Sie gewinnen Eisen aus Erz und schmieden Äxte, Messer, Sensen, Schafscheren, Speere und Pfeilspitzen. Sie haben auch Vorkommen von Speckstein gefunden und verarbeiten diesen zu Töpfen, Kannen, Tranlampen, Schüsseln, Spinnwirteln[2] und Webstuhlgewichten.

Große Teile des Sommers werden zum Sammeln von Futter für die Tiere genutzt. Der Winter ist lang und die Kühe müssen in der Regel neun Monate im Stall stehen. Deshalb muß während des kurzen Sommers Futter genug ins Haus geschafft werden.

Frauen und Männer sammeln gemeinsam Treibholz. An den Stränden unterhalb Brattahliðs wird nicht viel angeschwemmt, reichere Beute ist an der Fjordmündung und an der Küste zu finden. Doch Thjodhild sieht, daß sie jeden Tag mehr Holz verbrauchen, als am Strand zu finden ist, und das macht ihr Sorgen.

In dieser Nacht wird nicht viel geschlafen. Sie dürfen ihre Zeit nicht vergeuden, wo sie jetzt endlich einmal Besuch aus Norwegen haben. Vielleicht erzählen sie den Gästen von dem Land im Westen, das Bjarni Herjolfssohn einige Jahre zuvor entdeckt hat? Die Gäste lauschen und staunen. Ist es denn wirklich möglich, daß es dort draußen ein Land gibt, von dem sie noch nie gehört haben? Und warum ist dieser Bjarni nicht an Land gegangen, um sich genauer umzusehen?

Leif hört zu. Viele haben Bjarni seinen Mangel an Wissensdurst vorgeworfen, der ihn von einem Landgang abgehalten hat, und Leif stimmt ihnen zu. Doch niemand auf Grönland bezweifelt, daß Bjarni die Wahrheit sagt, wenn er von diesem Land im Westen erzählt. Er ist ein solider und wahrheitsliebender Kaufmann und hat keinen Grund, Lügen zu verbreiten.

Vielleicht *wußten* die Grönländer auch, daß Bjarnis Geschichte zutraf, da sie selber das Land auf der anderen Seite des Meeres gesehen hatten – bei gutem Wetter ist es nämlich möglich, von der grönländischen Westküste aus die hohen schneebedeckten Gipfel von Baffin Island zu erkennen.

Wir wissen wenig über Leifs Kindheit und Jugend. Er ist ein erwachsener Mann, als er zum ersten Mal in der Saga Eiriks des Roten erwähnt wird. »Leif war nach Norwegen gesegelt und wohnte dort bei Olav Tryggvassohn. Doch als Leif im Sommer Grönland verließ, wurden sie zu den Hebriden abgetrieben. Sie konnten erst nach langer Zeit wieder loskommen, verbrachten dort also einen Großteil des Sommers.«

Dann wird ausführlich dargestellt, wie Leif sich in

eine Frau verliebte, die von hoher Geburt war und Thorgunna hieß. Doch Leif stellte fest, daß sie auch eine begabte Zauberin war, und als sie ihn auf seiner Weiterreise begleiten wollte, war er deshalb skeptisch.

»Leif fragte, ob ihre Verwandten diese Reise denn gestatten würden. Sie erwiderte, das habe nichts mit der Sache zu tun. Leif sagte, er könne keine Frau von hoher Geburt aus einem fremden Land entführen, denn »wir sind nur wenige Männer.« Thorgunna sagte: »Es ist nicht sicher, ob deine Entscheidung so weise ist, wie du glaubst.« – »Das muß ich riskieren«, sagte Leif.»Dann sage ich dir«, erklärte Thorgunna, »daß ich nicht allein bin, denn ich erwarte ein Kind und das ist deine Schuld. Ich gehe davon aus, daß ich einen Sohn gebären werde, wenn es soweit ist. Und obwohl dich das nicht weiter kümmert, werde ich den Knaben aufziehen und zu dir nach Grönland schicken, sobald er zusammen mit anderen Männern auf Fahrt gehen kann. Aber ich sehe voraus, daß dieser Sohn dir genauso viel Nutzen bringen wird wie ich, so, wie wir uns jetzt trennen. Und ich werde nach Grönland gelangen, ehe ich sterben muß.«

Der Saga zufolge setzte Thorgunna ihre Drohung in die Tat um und schickte den Sohn, den sie Thorgils genannt hatte, später nach Grönland. Leif hat ihn angeblich gut aufgenommen und sich zu seiner Vaterschaft bekannt, doch danach wird Thorgils nicht wieder erwähnt.

In der Saga Eiriks des Roten heißt es dann, Leif habe Thorgunna auf den Hebriden verlassen und sei im Herbst in Norwegen eingetroffen. Dort wurde er in die Leibgarde des Königs, Olav Tryggvassohns, eingegliedert, der dem jungen Grönländer große Achtung entgegenbrachte. Einmal soll der König gefragt haben: »Hast du vor, im Sommer nach Grönland zu segeln?« Leif erwidert: »Das werde ich tun, wenn es Euer Wunsch ist.« Der König sagt: »Ich glaube, es wäre gut so. Du sollst in meinem Auftrag fahren und Grönland das Christentum bringen.«

Leif sagt, er werde es versuchen, doch daß dies auf Grönland möglicherweise nicht leicht sein werde. Doch der König sagt, er wisse niemanden, der für diese Aufgabe besser geeignet sei als Leif. »Das Glück wird dich begleiten«, sagt der König. »Dann müßte es so sein, daß Euer Glück auch mir zur Seite steht«, erwidert Leif.

Leif verläßt Norwegen im Frühling und erreicht schließlich auch den Eiriksfjord, doch vorher kommt er vom Kurs ab und findet ein Land, von dem er vorher nichts gewußt hat. Dort wachsen auch Weizen und Reben, die sich selbst gesät haben. Außerdem gibt es Bäume von der Art, die *masur* genannt wird, und sie nehmen einige Proben mit.

Die Saga berichtet auch, daß Leif auf dem Rückweg nach Grönland einige Männer in einem Schiffswrack findet. Er nimmt sie an Bord und läßt sie den Winter über bei sich wohnen. »Auf diese Weise zeigte er Großmut und guten Willen: er brachte das Christentum ins Land und rettete diese Männer, und deshalb wurde er Leif der Glückliche genannt.«

Wir müssen uns der Grönlandsaga zuwenden, um mehr über Leif Eirikssohns Entdeckung von Vinland zu erfahren, denn in der Saga Eiriks des Roten steht nur, was hier bereits erzählt worden ist. Viele Historiker halten deshalb diesen Teil der Saga Eiriks des Roten für die pure Räuberpistole, die vermutlich ein Geistlicher zweihundert Jahre nach Leif Eirikssohns Landgang in Nordamerika geschrieben hat und die vor allem klarstellen soll, daß die Ehre für die Christianisierung Grönlands Olav Tryggvassohn zukommt.

In der Saga Eiriks des Roten wird die Entdeckung Vinlands nur kurz erwähnt, dann kommt wieder das Hauptthema zur Sprache: die Christianisierung Grönlands. Wir lesen, daß Leif bei seiner Heimkehr nach Brattahlið freundlich aufgenommen wurde und sogleich zur Tat schritt: »Er verkündete das Christentum und den allgemeinen Glauben im Land, zeigte den Menschen König Olav Tryggvassohns Botschaft und erzählte, wieviel Ehre und Herrlichkeit mit den neuen Sitten einhergehe.«

Eirik der Rote scheint sich von seinem alten Glauben nur ungern getrennt zu haben. Thjodhild dagegen bekehrte sich sofort und ließ in Brattahlið eine Kirche errichten, die Thjodhildskirche genannt wurde. Hier trafen sie und die anderen Frischbekehrten sich zum Gebet, das berichtet die Saga, die außerdem erzählen kann, daß Thjodhild nach ihrer Bekehrung ihre ehelichen Beziehungen zu Eirik einstellte, was dem Ehemann natürlich nicht besonders behagte.

Die Saga Eiriks des Roten berichtet weiter, daß Leifs Bruder Thorstein den Versuch unternahm, im Westen Land zu finden, doch daß er und seine Männer vom Kurs abkamen und unmittelbar vor Einbruch des Winters zum Eiriksfjord zurückkehrten. Erst einige Zeit später wurde abermals nach diesem Land im Westen gesucht. Ein Grönländer namens Thorfinn Karlsefni hatte Erfolg und gilt seither als Gründer der ersten nordischen Siedlung in Vinland. Leifs Name wird in diesem Teil der Saga kaum erwähnt.

# Vinland, das gute Land

Das Schiff liegt abfahrbereit am Ende des Eiriksfjords. Die Mannschaft ist schon an Bord und wartet darauf, die Leinen loszumachen. Bjarni Herjolfssohn steht am Bug und späht hinüber zu den dunklen Wolken, die den Westhimmel bedecken und in ihre Richtung kommen. Seine buschigen Augenbrauen ziehen sich über seiner Nasenwurzel zusammen. Leif betrachtet ihn vom Land her. Ob Bjarni seine Zusage bereut, sich der Expedition in das neue Land anzuschließen, oder ärgert er sich nur, weil er sich zum Verkauf seines Schiffes hat überreden lassen?

Leif hört hinter sich erregte Stimmen und fährt herum. Zwei Jungen kommen schreiend angelaufen, er kann jedoch kein Wort verstehen. Als sie noch näher kommen, befiehlt er ihnen, zu schweigen. Die Jungen ringen keuchend um Atem und treten dann dicht an ihn heran. Leif schüttelt den Kopf, als er hört, was sie ihm zu sagen haben, er will seinen Ohren nicht trauen: Eirik ist vom Pferd gestürzt und hat sich verletzt. Er wird sie nun doch nicht auf die große Reise begleiten können.

Leif sagt nichts, er dreht sich um und geht mit langen Schritten zum Hof zurück. Dort sitzt sein Vater auf dem Boden und läßt sich von einem Leibeigenen den Fuß massieren. Eirik ist bleich und sieht ziemlich niedergeschlagen aus. Leif denkt, daß sein Vater vielleicht doch recht hatte, als er sich der Reise gen Westen nicht anschließen wollte. Er sei zu alt und solchen Strapazen nicht mehr so gut gewachsen wie früher.

Doch Leif hatte ihn überreden können. »Du bist noch immer derjenige in unserer Sippe, dem das Glück am günstigsten gesonnen ist«, hatte er gesagt und mit dieser Schmeichelei bei Eirik Erfolg gehabt.

Vater und Sohn schauen einander lange an. Schließlich bricht der Alte das Schweigen: »Es ist mir nicht bestimmt, mehr Land zu finden als das, welches wir jetzt bewohnen. Wir werden wohl nicht länger alle zusammen fahren.«

Leif hilft seinem Vater auf die Beine. Eirik legt den Arm um Leifs breite Schulter. Auf den Sohn gestützt hinkt er zu dem Haus, in dem Thjodhild ihn schon erwartet.

Eine halbe Stunde später heißt es: »Leinen los!« Bjarni wirkt jetzt weniger bedrückt. Er lächelt kurz, als der Wind sich dreht, und Leif läßt die Männer das Rahsegel setzen. Schon bald darauf steuern sie in schneller Fahrt auf die Mündung des Eiriksfjords zu.

Sie halten Kurs nach Norden und bleiben dabei die ganze Zeit in Sichtweite zum Land. Leif hat oft mit Bjarni über den Kurs gesprochen und sie sind einer Meinung: Sie werden auf Bjarnis Route zurücksegeln. Wenn sie an der grönländischen Küste entlang die

Hälfte der Strecke nach Norðrseta segeln, dann ist die Entfernung zu dem neuen Land jenseits des Meeres nicht mehr groß, meint Bjarni.

Die nordischen Seefahrer hielten sich auf ihren Reisen am liebsten immer in Landsicht. Ihre Navigationskenntnisse erlaubten es ihnen nicht, sich unbesorgt auf das offene Meer hinauszubewegen. Bei klarem Wetter konnten sie mit Hilfe der Sterne stetigen Kurs längs der Breitengrade halten. Eine Reise in Nord-Süd-Richtung dagegen war ein Vabanquespiel, da sie keine Methoden kannten, um die Längengrade zu bestimmen.

Leiv Eirikssohn hatte keinen Kompaß, dieses Gerät wurde in Nordeuropa erst zwei- bis dreihundert Jahre später bekannt, doch immerhin kannte er die Himmelsrichtungen. Die Wikinger teilten das Himmelsgewölbe in rechtwinklige Achsen ein, die wiederum die vier Hauptrichtungen bildeten – Norden, Süden, Osten und Westen. Zwischen diesen Achsen hatten sie vier weitere Richtungen eingefügt, so daß sie sich bei der Navigation an insgesamt acht Richtungen orientieren konnten. Tagsüber hielten sie sich darüber hinaus an die Sonne, nachts an die Sterne. Besonders wichtig für sie war der Polarstern, dieser klare kleine Stern im Kleinen Bären.

Vielleicht hatten Leif und seine Männer eine sogenannte Peilscheibe als Hilfsmittel. Im Jahre 1948 wurden auf Grönland Reste eines Gegenstandes gefunden, bei dem es sich um eine solche Scheibe gehandelt haben könnte. Das Fundstück hatte ein Loch in der Mitte und möglicherweise war ursprünglich ein Handgriff durch die Scheibe geführt worden, der sie horizontal hielt, so daß man sie drehen konnte. Reste eines solchen Handgriffs sind allerdings bisher nicht aufgetaucht, weshalb diese Theorie nur wenig verläßlich ist. Am Rand der Scheibe waren 33 ½ Kerben angebracht, die möglicherweise die Himmelsrichtungen markieren sollten.

Falls die nordischen Seefahrer wirklich solche Peilscheiben benutzten und Leif noch dazu die Tabellen besaß, die irgendwann im 11. Jahrhundert in einem Schriftstück namens *Oddi-Tala* erwähnt worden sind, konnte er ziemlich genau entlang den Breitengraden navigieren. Eine dieser Tabellen zeigt die Sonnenhöhe im Meridian während eines Jahres, eine andere zeigt die Richtungen von Sonnenaufgang und -untergang. Die Tabellen haben sich als überraschend zutreffend erwiesen. Der Fehlerspielraum betrug lediglich zwei Grad.

Doch in der hellen Sommerzeit war der Sternenhimmel keine große Hilfe und bei Nebel oder bewölktem Wetter ließen sich die Himmelskörper auch nicht zur Navigation nutzen. In der Saga wird als weiteres Hilfsmittel der Sonnenstein erwähnt, ein Stück Kalkspat. Lange Zeit hieß es, die Seefahrer hätten den Stein senkrecht in die Luft gehalten und damit das polarisierende Licht der Sonne eingefangen, um damit die Sonnenrichtung ermitteln zu können. Kritische Forscher heute zweifeln jedoch den ganzen Bericht über den Sonnenstein an. Auf keinen Fall hat es sich dabei um ein sonderlich weit verbreitetes Navigationswerkzeug gehandelt, und wir haben kaum Grund zu der Annahme, daß Leif Eirikssohn und seine Leute über einen solchen Stein verfügten.

Bald sehen sie südlich von Norðrseta vertrautes Land. Bisher hatten sie guten Wellengang und sind von der Strömung an der grönländischen Westküste entlang nach Norden getrieben worden. Bjarni sagt, daß hier die Stelle sei, und Leif befiehlt seinen Männern zu wenden und Kurs auf das offene Meer zu nehmen. Er verspürt die Unruhe im Leib, die Spannung, die Seeleute immer empfinden, wenn sich vor ihnen unbekanntes Fahrwasser auftut.

Niemand weiß, wer zuerst das Land gesehen hat, aber nach einer weiteren kalten Nacht in den Ledersäcken, die nachts als Schlafsack genutzt werden und tagsüber als Aufbewahrungsort für Waffen und andere Habseligkeiten dienen, erwachen alle zum Leben.

Als sie sich dem Land nähern, sehen sie überall hohe Gletscher, und vom Meeresgrund bis zu den Gletschern scheinen sich ununterbrochene Felswände aufzutürmen. Einer der Männer lacht verächtlich. Dieses Land sollte reich an Wäldern und üppigem Weideland sein? Trotzdem hält Leif klaren Kurs auf die Gletscher und bald darauf gehen sie an Land.

Doch das Land ist karg und scheint nichts zu bieten außer Eis und Steinen, weshalb Leif alle wieder an Bord befiehlt. Er lächelt Bjarni spöttisch an und sagt: »Uns geht es mit diesem Land offenbar anders als Bjarni, denn wir gehen immerhin an Land. Ich aber will diesem Land einen Namen geben, und ich nenne es Helluland« (Flachsteinland).

Dann segeln sie wieder aufs Meer hinaus, können jedoch steuerbords die ganze Zeit die nackte, kalte Küste erkennen. Wieder folgen sie der Strömung. Zweimal verlieren sie die Landsicht, doch Bjarni versichert ihnen, daß alles weiterhin seine Richtigkeit hat. Und er soll recht behalten, denn bald kommt neues Land in Sicht. Sie nehmen an, daß es sich bei dem ersten Land um eine Insel gehandelt hat, und nun glauben sie, eine weitere Insel vor sich zu haben. Sie haben noch keine Ahnung, daß sie einen riesigen Erdteil erreicht haben.

Abermals steuern sie das Land an und werfen Anker. Sie setzen ein Boot aus und rudern zum Strand. Hier ist alles ganz anders als in dem Land, das sie Helluland genannt haben. Schon vom Meer aus haben sie Walrösser und Seehunde gesehen und jetzt entdecken sie am Strand eine Herde äsender wilder Rentiere. In mehreren Männern erwacht der Jagdeifer; das muß das Land sein, das sie gesucht haben. Das Terrain ist flach und bewaldet, und so weit das Auge reicht, kann man weiße Sandstrände und seichtes Wasser sehen. Doch Leif schüttelt den Kopf. Hier gibt es doch kein Weideland. Er sagt: »Wir werden dieses Land nach seinem Wesen benennen, und deshalb soll es Markland heißen.« (Waldland) Danach rudern sie zu ihrem Schiff zurück und setzen ihre Reise fort.

Der Wind kommt von Nordosten und schiebt sie an der bewaldeten Küste entlang immer weiter in Richtung Süden. Das Rahsegel strafft sich. Es ist aus Filz genäht, bleibt in der Gischt jedoch trocken. Es ist mit Extrakten aus gekochter Birkenrinde, Pferdefett und roter Farbe imprägniert. Sie halten ein gutes Tempo, bisweilen erreichen sie an die zwölf Knoten, aber das wissen sie nicht, denn sie verfügen über keinerlei Gerät zum Messen der Geschwindigkeit.

Das Meer wird jetzt stürmischer und schlägt gegen

die Eichenbretter, die Knorre gleitet jedoch weich über die Wellen. Die Bretter unter der Wasserlinie sind mit Weidenruten und dünnen Baumwurzeln an den Spanten festgebunden und sorgen dafür, daß Boden und Kiel sich allen Bewegungen des Schiffes anpassen und trotzdem nicht undicht werden. Die Bretter oberhalb der Wasserlinie sind mit Eisennägeln befestigt, jedes Brett an der Außenseite des nächst tiefergelegenen, so, wie vernietete Schiffe noch heute konstruiert werden. Auch das unterste Brett ist mit Nägeln befestigt, und zwar am Kiel, nicht an den Spanten.

Bjarni schaut nach vorn. Er wird langsam nervös. Nach seinen Berechnungen müßten sie jetzt Land vor dem Bug haben. Können Sie sich geirrt haben und zu weit hinaus geraten sein oder haben sie die nächste Insel bei Nacht vielleicht unbemerkt passiert?

Eine Sturzwelle schlägt backbords über den Bug. Der Rudergänger umklammert die Ruderpinne, um das Schiff auf geradem Kurs zu halten. Er hat das schon oft gemacht und damit keine Probleme. Auch das Steuerruder ist aus Eichenholz, es ist in einem konischen Block angebracht, der seinerseits am Schiffsrumpf befestigt ist. Durch den Block zieht sich ein Tau – und das wiederum ist auf der Innenseite verankert und hält das Steuerruder vor dem Block fest. An der Reling wird das Steuerruder außerdem durch einen Lederriemen gehalten. Nichts ist dem Zufall überlassen worden.

Der Wind wird stärker. Der Mast ächzt, hält aber stand. Er ruht solide auf der »Alten«, einem festen Eichenblock, der auf den Spanten am Kiel befestigt ist. Außerdem wird er vom »Mastfisch« gestützt, einem Eichenblock, dessen Aussehen seinem Namen entspricht. Er liegt auf den Querbalken und hat in der Mitte Löcher für den Mast.

Leif wird aus dem Schlaf gerissen, als Wasser in seinen Ledersack strömt. Er schüttelt einen Jungen, der neben ihm schläft, und bittet ihn, nachzusehen, ob alle Ruderlöcher dicht sind. Leif folgt ihm mit Blicken, während der Junge die offenen Löcher mit kleinen runden Holzplatten verschließt. Dann schläft er wieder ein.

Als er erwacht, sieht er im Süden Land. Sein Magen knurrt, aber er mag nicht viel essen. Er hat Dörrfisch und Pökelfleisch satt und verzehrt deshalb nur zwei Bissen, die er mit Sauermilch hinunterspült. Er freut sich darauf, an Land zu kommen und Feuer zu machen. Vielleicht wird es an diesem Abend Rentierbraten geben.

Sie erreichen eine Insel, die nördlich des Landes liegt, auf das sie während der vergangenen Stunden zugehalten haben, und werfen Anker. Abermals freuen sie sich auf festen Boden unter den Füßen. Der Wind hat sich gelegt, die Sonne scheint und die Männer sind guter Laune. Einer läßt die Hand über das vom Tau feuchte Gras gleiten und steckt die Finger in den Mund. Etwas so Süßes hat er noch nie gekostet. Die anderen tun es ihm nach und sind ganz seiner Ansicht. Dieses Land, in dem der Tau wie Honig schmeckt, muß etwas ganz besonderes sein.

Aber sie müssen weiter. Hier draußen am offenen Meer gibt es keinen Schutz vor Wind und Wetter. Also segeln sie weiter und erreichen einen Sund, der zwischen der Insel und einer nach Norden zeigenden Landzunge liegt. Sie steuern einen Punkt im Westen dieser

Landzunge an, doch hier ist das Wasser zu seicht, und sie bleiben ein gutes Stück vom Land entfernt im Sandboden stecken, obwohl die Knorre nur knapp einen Meter tief im Wasser liegt. Doch jetzt können sie einfach nicht mehr warten, bis die Flut das Schiff wieder flottmacht. Einer nach dem anderen springt über die Reling und läuft auf den Strand zu, wobei das Wasser wild ihre Beine umstiebt.

So weit das Auge reicht strecken sich grüne Wiesen dahin und im Fluß, der in das Meer mündet, wimmelt es nur so von Lachsen. Ein Junge hält stolz einen Fisch hoch. Den hat er mit bloßen Händen gefangen.

Sie sind am Ziel, sie haben das Land erreicht, von dem sie in langen Wintern auf Grönland geträumt haben: vor ihnen liegen Weideflächen mit saftigem Gras für das Vieh, endlose Wälder, Rentierherden, im Meer schwimmt Kabeljau und in den Flüssen Lachs. Hier können sie ein gutes Leben führen, ein viel besseres als in ihrer Heimat.

Sie warten die Flut ab, dann rudern sie zum Schiff hinaus und steuern es in den Fluß und dann weiter zu einem nicht weit vom Strand gelegenen See.

Jetzt folgt eine geschäftige Zeit. Es ist viel zu erledigen, ehe der Winter einsetzt. Zuerst bauen sie sich »Buden«, kleine Grashütten, danach machen sie sich an die Errichtung von wirklichen Häusern. Sie schneiden Grassoden aus, die acht bis zehn Zentimeter dick sind, und legen diese dann aufeinander. Die Wände sind solide, an die anderthalb Meter dick, und halten die Wärme sehr gut. Von festen Balken getragene Baumstämme bilden den Dachfirst, der mit den niedrigen Längswänden durch aus kleineren Baumstämmen gefertige Querlieger verbunden ist. Das Dach wird mit Rinde isoliert, die dann wiederum mit Grassoden bedeckt wird.

Für das Vieh bauen sie eigene Ställe und legen sich Heuvorräte an. Jetzt kann der Frost kommen, sie sind darauf vorbereitet. Doch zu ihrer Überraschung bleibt er aus. Es ist ein milder Winter, das Gras welkt kaum und das Vieh kann weiter draußen weiden.

Als die Häuser fertig sind, sagt Leif: »Jetzt sollten wir die Mannschaft in zwei Gruppen teilen und dann das Land untersuchen. Die eine Gruppe bleibt hier bei den Häusern, die andere erforscht die Umgebung, darf sich aber nur so weit von der Siedlung entfernen, daß sie abends wieder zu Hause sein kann, und niemand darf tagsüber seine Gruppe verlassen.«

Leif findet es spannend, das neue Land zu erforschen, und wann immer er kann, schließt er sich den Wanderungen an den Stränden entlang und in die tiefen Wälder an. Er zieht gern zusammen mit dem »Türken« los, einem Südländer, den er seinen Pflegevater nennt, und der schon in Leifs Kinderjahren auf BrattahliÞ gewohnt hat. Niemand weiß genau, woher der Türke stammt. Vielleicht kommt er ja wirklich aus der Türkei und ist ein Nachkomme des Nomadenvolkes, das fünfhundert Jahre zuvor große Teile Zentralasiens unterworfen hat. Vielleicht kommt er auch aus Deutschland, schließlich spricht er ja Deutsch.

Leif mag den Türken sehr, denn der Mann aus der Fremde hat sich liebevoll um ihn gekümmert, als Leif noch ein Kind war. Deshalb ist er sehr besorgt, als sein Pflegevater eines Abends nach einem Ausflug ins Binnenland nicht zur Siedlung zurückkehrt. Leif macht den anderen aus der Gruppe Vorwürfe, weil sie ihn einfach so verloren haben, und er macht sich auf den Weg, um zusammen mit einigen anderen Männern den verschollenen Gefährten zu suchen. Doch sie sind noch nicht lange unterwegs, als der Türke ihnen entgegenkommt. Leif ist erleichtert, erkennt dann aber, daß mit seinem Pflegevater etwas nicht stimmt. Er fragt: »Warum kommst du so spät, und warum hast du die anderen aus den Augen verloren?«

Der Türke redet zunächst länger auf Deutsch, verdreht die Augen und grinst. Die anderen verstehen natürlich nicht, was er sagt. Schließlich wechselt er in die altnordische Sprache über: »Ich bin nicht viel weiter gegangen als ihr. Ich kann euch etwas Schönes erzählen. Ich habe Weinstöcke und Trauben gefunden.«

»Kann das denn stimmen, Pflegevater?« fragt Leif.

»Ja, natürlich stimmt das, denn dort, wo ich geboren wurde, fehlte es weder an Weinstöcken noch an Trauben.«

Die in der Saga erwähnten Trauben in Vinland, dem »Weinland«, haben im Laufe der Jahrhunderte allen großes Kopfzerbrechen bereitet, die versucht haben herauszufinden, wo genau in Nordamerika Leif Eirikssohn und seine Begleiter ihre Häuser errichtet hatten. Wenn sie wirklich Weinstöcke gefunden haben, dann müssen sie, so der Forscher Helge Ingstad, sehr viel weiter nach Süden gelangt sein, als die Reisebeschreibungen in der Saga Eiriks des Roten annehmen lassen. Ingstad weist darauf hin, daß die nördliche Grenze für den Wuchs wilder Weintrauben in

Nordamerika in Massachusetts bei ungefähr fünfundvierzig Grad nördlicher Breite liegt.

Aber das stimmt nicht. Die Autorin Vera Henriksen zitiert in ihrem Buch *Mot en verdens ytterste grense* (»Zur äußersten Grenze einer Welt«) den Franzosen Jacques Cartier, der in den Jahren zwischen 1534 und 1541 dreimal die an der Mündung des St. Lorenz-Stromes unmittelbar im Westen von Neufundland gelegenen Gebiete besucht hat. Er schreibt über »so viele Weinstöcke am Flußufer, daß sie fast aussehen wie von Menschen gepflanzt. Doch da sie weder veredelt noch beschnitten sind, sind ihre Trauben nicht so groß und süß wie unsere.«

Das paßt nun wiederum zu den Erkenntnissen, zu denen Thor Heyerdahl in seinem zusammen mit Per Lilliestrøm verfaßten Buch *Ingen Grenser* (»Keine Grenzen«) gelangt. Darin erzählt Heyerdahl, daß er auf einer Konferenz auf Island die Frage der in der Saga erwähnten vinländischen Trauben angeschnitten habe, worauf allgemein die Ansicht vertreten wurde, das Wort »vin«[3], so, wie es in den Sagas verwendet wird, beziehe sich tatsächlich auf gegorenen Traubensaft und nicht auf Weideland. »Es wurde darauf hingewiesen, daß das Wort ganz anders betont wird, wenn von einer Weidefläche die Rede ist«, schreibt Heyerdahl.

Er berichtet, daß die isländischen Tagungsteilnehmer davon überzeugt waren, daß die Vinlandreisenden wirklich wilde Trauben gefunden hatten. Er erzählt, der Historiker Páll Bergþórsson habe ihm einen Bogen aus seinem Herbarium geschenkt, auf dem wilde Trauben gepreßt waren, die er selber im August 1996 in der St. Lorenz-Bucht gepflückt hatte. Diese Trauben

hatte er als *Vitis riparia* identifiziert, eine wilde Traubenart, die auf Englisch »Riverbank Grape« genannt
wird. Dies stimmt mit botanischen Fachbüchern überein, die angeben, daß diese Trauben in so weit nördlichen Gegenden wie der Provinz Québec vorkommen. Aber so weit im Osten wie Neufundland sind sie
niemals registriert worden. Das muß jedoch nicht
heißen, daß Heyerdahl sich geirrt hat. Vor tausend
Jahren herrschte in Neufundland ein milderes Klima
als heute und deshalb können die *Vitis riparia* durchaus vor tausend Jahren, als Leif Eirikssohn in L'Anse
aux Meadows an Land ging, dort heimisch gewesen
sein. Es ist natürlich auch möglich, daß die Vinlandfahrer die St. Lorenz-Bucht erforscht und dort Weintrauben gefunden haben, auch wenn die Sagas das
nicht erwähnen.

Daß so dicht bei den »Leifsbuden« (wie die Häuser
der Siedlung später genannt wurden) wilde Trauben
gefunden worden sind, ist noch kein Beweis dafür, daß
die anschauliche Beschreibung der Sagas über den
Traubenfund zutrifft. Es kann jedoch möglicherweise
zu neuen diesbezüglichen Untersuchungen anregen.

Aber auch Helge Ingstad bringt gute Argumente für
seine Theorie. Er beruft sich unter anderem auf einen
Artikel, den der schwedische Sprachwissenschaftler
Sven Söderberg 1910 in der Zeitung *Sydsvenska Dagbladet* veröffentlicht hat. Laut Söderberg gibt es keinerlei Zusammenhang zwischen Weintrauben und dem
Namen Vinland, diese Assoziation beruhe auf einem
sprachlichen Mißverständnis. Söderberg führt die Silbe
»Vin-« in Vinland zurück auf das altnordische Wort *vin*,
das Grasfläche oder Weideland bedeutet.

Ingstad, möglicherweise der Norweger, der zu diesem Thema die Saga am gründlichsten studiert hat, weist in seinem Buch *Oppdagelsen av det nye land* (»Entdeckung des neuen Landes«) daraufhin, daß es in Norwegen ungefähr tausend Ortsnamen gibt, in denen die Silbe *vin* in der genannten Bedeutung auftaucht, zum Beispiel *Bjørgvin* (der alte Name der Stadt Bergen) oder *Vinje*. Ingstad schreibt: »Der Name Grasland war bei den altnordischen Auswanderern, für die Weideland für ihr Vieh eine Lebensnotwendigkeit darstellte, von höchster Bedeutung.«

Der Name Vinland wird erstmals von dem deutschen Historiker Adam von Bremen erwähnt, der in seinem umfassenden Werk *Gesta Hammaburgensis ecclesiae pontificum* (»Die Geschichte des Bistums Hamburg«), das er vermutlich um das Jahr 1075 vollendete, folgendes schreibt: »Außerdem hat er« (der dänische König Svein Estridssohn) »eine weitere Insel erwähnt, die in jenem großen Meer von vielen aufgesucht worden ist, und die Vinland genannt wird, weil dort Weinreben wachsen, die köstlichsten Wein ergeben.«

Das Werk Adams von Bremen gilt als eine ungeheuer wichtige Quelle für die Geschichte Nordeuropas, in der es jedoch auch zu nachweislichen sprachlichen Mißverständnissen kommt. Adam schreibt unter anderem, die Insel Grönland habe ihren Namen erhalten, weil die dort wohnenden Menschen vom Meer grün gefärbt würden, und die Silbe *kvæn* im Landschaftsnamen Kvænland sei vom Wort *kvinne* (norwegisch für »Frau«) abzuleiten, während wir heute wissen, daß sie von den Kvenen herstammt, einer westfinnischen Volksgruppe.

Da Adam von Bremens Buch das erste uns bekannte Schriftstück ist, in dem die Reisen nach Vinland erwähnt werden, ist es möglich, daß seine Fehldeutung von den isländischen Saga-Verfassern übernommen wurde.

In der Wikingerzeit gab es viele Städte in Norwegen, die *vin* im Namen trugen, und da bedeutete es Gras. Dies kam auch auf Jæren vor, wo Eirik der Rote herstammte. Eirik muß diese Bedeutung des Wortes also gekannt haben und es ist denkbar, daß er sie mit nach Grönland genommen hat.

Immer wieder ist die Frage gestellt worden, woher die anschauliche Beschreibung, die die Saga vom Traubenfund liefert, denn stammen mag, wenn in Vinland gar keine Trauben wachsen konnten. Ist das dichterische Freiheit? Nein, meint Helge Ingstad: »Wenn die Autoren der Sagas von den vinländischen Weintrauben berichteten, dann galt das bei ihnen nicht als Dichtung, sondern als Tatsache, die sich auf ein anerkanntes und gelehrtes europäisches Werk berufen konnte. Die Isländer waren von solchen Informationen sicher begeistert. Nicht nur gelangte ihre Entdeckung damit gewissermaßen zu akademischen Weihen, sondern erhielt auch noch den romantischen Nimbus einer Art Schlaraffenland mit Weintrauben, Mengen von wildwachsendem Getreide und anderen Gütern. Für die Isländer gewannen damit die Unternehmungen ihrer Vorfahren noch einmal neuen Glanz.« Ingstad fügt hinzu: »Es lag sicher auf der Hand, daß diese willkommenen Mitteilungen aus anerkannter Quelle auch zu Unterhaltungszwecken herangezogen wurden. Natürlich fühlten isländische Autoren sich angesichts dieser fesselnden Motive dazu verlockt, ihrer Phantasie freien Lauf zu lassen.«

Die Diskussionen über den Namen Vinland sind nicht mehr so wichtig, seit das Ehepaar Anne Stine und Helge Ingstad die altnordische Siedlung bei L'Anse aux Meadows freigelegt und damit ein für allemal die genaue Lage Vinlands nachgewiesen hat. Doch die Vinland-Debatte zeigt, welche Bedeutung der korrekten Saga-Interpretation zukommt. Ein Teil der dort beschriebenen Ereignisse und Zustände trifft absolut zu, anderes ist unklar, wiederum anderes ist nachweislich reine Erfindung. Die Verfasser der Sagas waren selber keine Augenzeugen der von ihnen beschriebenen Ereignisse. Ihre Aufgabe war, das, was sie gehört und gelesen hatten, aufzuschreiben, nachdem die handelnden Personen längst verstorben waren. Aber wir dürfen nicht alles glauben, was wir hören oder lesen, schon gar nicht dann, wenn diese Berichte über Generationen von Mund zu Mund weitergereicht worden sind. Außerdem sollten wir nicht vergessen, daß die Verfasser der Sagas manchmal durchaus ein Interesse daran hatten, bestimmte Personen oder bestimmte Ereignisse in einem gewissen Licht zu schildern.

Der erste Winter in Vinland geht dem Ende entgegen. Leif und seine Männer sind mit dem bisher Erreichten durchaus zufrieden. Sie sind an der von Bjarni entdeckten Küste an Land gegangen und haben die Umgebung erforscht. Und sie sind zu einem großartigen Ergebnis gekommen: Hier können wir leben! Jetzt will Leif nach Hause fahren und denen, die auf Grönland warten, die gute Nachricht mitteilen.

Er schaut sich um, als sie die Landspitze am Auslauf des kleinen Fjords umrunden. Er wirft einen letzten Blick auf die Grashäuser oberhalb des Strandes und auf die grünen Wiesen, die sich bis zum Wald im Hintergrund ziehen. Er weiß, daß er eine Leistung vollbracht hat, von der noch lange die Rede sein wird, und er fühlt sich endlich als Mann. Er ist nicht mehr nur der Sohn Eiriks des Roten, des Neusiedlers. Jetzt ist er selber der Entdecker eines neuen Landes. Und er weiß, wie er es nennen wird: Vinland, das gute Land.

# Neue Vinlandfahrten

Die Saga hat über das, was Leif Eirikssohn nach dem Verlassen der vinländischen Leifsbuden erlebt hat, nicht mehr viel zu berichten. Wir erfahren lediglich, daß er fünfzehn Schiffbrüchige rettete, die auf einer Schäre vor der grönländischen Küste gestrandet waren, und daß er später als Leif der Glückliche bekannt wurde. Vielleicht liegt das daran, daß Eirik der Rote im Winter nach der Heimkehr der Vinlandfahrer starb, und daß Leif danach von der Leitung des väterlichen Hofes Brattahlið ganz und gar in Anspruch genommen wurde. Es ist jedoch auch möglich, daß Leif sich auch an späteren Expeditionen nach Vinland beteiligt hat, selbst wenn es für diese Annahme keinerlei schriftliche Quellen gibt.

Als die Grönlandsaga die Vinlandfahrten das nächste Mal erwähnt, stehen Leifs Geschwister im Mittelpunkt. Zuerst stellt der jüngere Bruder Thorvald klar, daß er findet, im neuen Land gebe es noch allerlei zu erforschen. Worauf Leif antwortet: »Du kannst mit meinem Schiff fahren, Bruder, wenn du so gern nach Vinland willst.«

Thorvald rüstet das Schiff aus und nimmt dreißig Mann mit. Die Saga erzählt nichts über die Überfahrt, sondern berichtet, daß Thorvald und seine Leute die Leifsbuden erreichen und die Umgebung erforschen, so, wie sie es geplant hatten. In der Grönlandsaga heißt es: »Sie fanden ein schönes, waldreiches Land vor, wo Wald, Meer und weiße Sandstrände nicht weit voneinander entfernt lagen. Es gab viele Inseln und seichtes Fahrwasser. Sie fanden keine Spuren von Menschen oder Tieren, doch auf einer weiter im Westen gelegenen Insel stießen sie auf einen hölzernen Getreidespeicher. Anderes Menschenwerk konnten sie nicht entdecken; sie kehrten um und erreichten die Leifsbuden später im Herbst.«

Thorvald untersucht das neue Land sehr viel gründlicher als Leif das getan hatte. Er und seine Leute überwintern in den Leifsbuden, und im folgenden Sommer segelt dann Thorvald mit einigen Begleitern ostwärts die Nordküste der Insel hoch. Doch sie werden von einem Unwetter überrascht und der Kiel bricht, als sie auf eine Landspitze auflaufen. Als das Schiff repariert ist, sagt Thorvald: »Jetzt wollen wir den Kiel auf dieser Landspitze aufbauen und sie Kjalarnes (Kielspitze) nennen.«

Sie lassen den zerbrochenen Kiel liegen als Denkmal des ersten ernsthaften Unfalls, der ihnen im neuen Land widerfahren ist.

Sie segeln weiter ostwärts an der Küste entlang und steuern den ersten Fjord an, den sie entdecken. Sie finden eine bewaldete Landspitze und legen am Ufer an. Thorvald gefällt, was er sieht, und er sagt: »Hier ist es schön, hier würde ich gern meinen Hof errichten.«

Diese Aussage weist darauf hin, daß Thorvald nicht in erster Linie eine Entdeckungsreise machte, sondern einen Ort suchte, an dem er sich später niederlassen konnte. Er wollte zu einem Neusiedler werden, wie es die Norweger einige Generationen zuvor auf Island gewesen waren, und wie sein Vater es auf Grönland wiederholt hatte. Vermutlich wollte er nach Grönland zurückkehren, um Verwandte und Freunde zu holen und mit ihnen in dem neuen Land eine lebensfähige Gemeinschaft zu gründen. Sein Bruder Leif besaß ja schon einen Hof auf der anderen Seite der Insel, die jedoch noch viele andere Menschen ernähren könnte.

Die Reisebeschreibung, die wir in der Grönlandsaga vorfinden, stimmt durchaus mit der Topographie der neufundländischen Ostküste überein. Bei der von Thorvald Kjalarnes benannten Landspitze kann es sich um Cape Bauld an der Nordspitze der Insel handeln, und wer von dort nach Südwesten segelt, erreicht zunächst einen und später noch einen weiteren Fjordarm.

Doch die Idylle auf der schönen Landspitze nimmt ein jähes Ende, als sie auf den weiter zum Inselinneren hin gelegenen Sandstränden drei seltsame Gegenstände entdecken. Laut der Grönlandsaga gingen sie hin und stellten fest, daß es sich um drei aus Häuten hergestellte Boote handelte, unter denen jeweils drei Männer lagen. Sie teilten sich in Gruppen auf und nahmen alle gefangen, bis auf einen, der mit seinem Boot entfliehen konnte. Sie töteten die acht Gefangenen und kehrten danach auf die Landspitze zurück; von dort sahen sie weiter hinten am Fjord einige Erhöhungen, bei denen es sich durchaus um Wohnstätten handeln konnte.

Das war die erste Begegnung der nordischen Seefahrer mit dem Volk, das sie später »Skrälinger« (Schwächlinge) nannten. Es bleibt nicht bei dieser ersten Konfrontation, denn schon bald tauchen aus dem Fjordinneren Unmengen solcher Boote auf und gehen zum Angriff über. Thorvald fürchtet offenbar ein Blutbad, denn er sagt: »Wir müssen die Brustwehr auf der Bootsseite befestigen und uns nach besten Kräften verteidigen, dürfen aber nur wenig zurückschlagen.« Die Männer gehorchen, und die Skrälinger beschießen sie eine Weile mit Pfeilen, dann ziehen sie sich zurück.

Thorvald fragt, ob jemand von ihnen verwundet sei, doch die Pfeile der Skrälinger haben nur ein einziges Opfer gefunden, nämlich Thorvald, wie sich nun herausstellt. »Ich habe eine Wunde unter dem Arm«, sagt er. »Zwischen der Schiffsseite und meinem Schild flog ein Pfeil unter meinen Arm, hier ist er. Er kann durchaus zu meinem Verhängnis werden. Deshalb befehle ich, daß ihr euch so rasch wie möglich zur Abfahrt bereit macht, daß ihr mich jedoch zu der Landspitze bringt, auf der ich mich so gern niedergelassen hätte. Mag sein, daß eine gewisse Wahrheit in den Worten lag, die mir dort entschlüpft sind, nämlich daß ich mich für eine Weile dort aufhalten werde. Dort sollt ihr mich begraben und mir zu Häupten und zu Füßen je ein Kreuz errichten und den Ort sollt ihr dann auf ewige Zeiten Krossanes (Kreuzspitze) nennen.«

Thorvald stirbt und seine Männer erfüllen seinen letzten Willen. Danach segeln sie zu den Leifsbuden zurück und verbringen dort den Winter. Im folgenden Frühling kehren sie nach Grönland zurück, voller neuer Eindrücke, jedoch ohne ihren Anführer.

Die Saga Eiriks des Roten, die als die dichterisch frei-
zügigere der beiden Sagas über die Vinlandfahrten gilt,
enthält eine dramatischere Version der Ereignisse um
Thorvald Eirikssohns unerwarteten Tod. In dieser Saga
steht nichts darüber, daß Thorvald seine eigene Expedition nach Vinland ausgerüstet habe, sondern er erscheint hier als einer der vielen Teilnehmer an der
Reise, die zwei Jahre später unter der Leitung von
Thorfinn Karlsefni stattgefunden hat. Obwohl der historische Gehalt dieser Saga eher zweifelhaft ist, können wir ihrem Autor seine literarischen Fähigkeiten
nicht absprechen:

Seiner Darstellung nach entdeckten eines Morgens
Karlsefni und seine Leute oberhalb der Rodung einen
Flecken, der sie anzufunkeln schien; sie riefen hinüber, und der Flecken bewegte sich. Es handelte sich
um einen Einfüßler, der sich auf sie zuschob. Thorvald,
der Sohn Eiriks des Roten, saß am Steuer, und der Pfeil
des Einfüßlers traf ihn im Dünndarm. Thorvald zog
den Pfeil heraus und sagte: »Fett sind meine Eingeweide, wir haben ein gutes Land gefunden, doch es ist
die Frage, ob wir daran Freude haben werden.« Gleich
darauf erlag Thorvald seiner Verletzung. Der Einfüßler
jagte gen Norden davon. Sie nahmen die Verfolgung
auf und erhaschten von Zeit zu Zeit einen Blick auf ihn,
während er zu entkommen versuchte; am Ende sprang
er in eine Bucht. Sie drehten um, und einer der Männer
verfaßte folgendes Lied:

*Männer folgen*
*– das ist wahr –*
*dem Einfüßler*

*bis an die Küste.*
*Ein seltsamer Mann*
*suchte die Flucht,*
*groß war sein Eifer,*
*hör dies, Karlsefni!*

Der Einfüßler wird in der europäischen Erzählkunst hier nicht zum ersten Mal erwähnt. Bereits im 7. Jahrhundert finden wir ihn in den Werken eines mittelalterlichen Gelehrten, nämlich in denen des Erzbischofs Isidor von Sevilla. Auch Adam von Bremen erwähnt ihn in einem seiner Werke an die vierhundert Jahre später: »Es gibt die Wesen, die Solinus ›Ymantopedes‹ nennt (einfüßige Menschen), die auf einem Fuß einherspringen und Menschenfleisch fressen. Man sollte ihnen aus den Weg gehen und ihre Existenz verschweigen.«

Adam von Bremen bestätigt hiermit, daß der Mythos des *Uniped* – des Einfüßlers – alt und zählebig ist, denn er bezieht sich auf den römischen Historiker Solinus, der in der ersten Hälfte des dritten Jahrhunderts n. Chr. gelebt hat.

Auch der Bericht über den Pfeil, den Thorvald Eirikssohn sich eigenhändig aus dem Körper zieht, ist älter als die Saga Eiriks des Roten. In der Saga Olavs des Heiligen ist die Rede von einem gewissen Thormod Kolbrunarsskalden, einem Gefolgsmann des Königs, der während der Kämpfe gegen das Bauernheer von einem Pfeil getroffen wird. Der Pfeil steckt in seiner Brust, und danach heißt es: »Darauf nahm Thormod die Zange und riß den Pfeil heraus. Der Pfeil hatte Widerhaken, und an denen hingen Fasern seines Herzens, einige waren rot, andere weiß. Als er das sah, sprach er: ›Gut hat der König uns genährt, noch bin ich fett an den Herzwurzeln.‹ Als er das gesagt hatte, ließ er sich zurücksinken und starb.«

Wir können getrost davon ausgehen, daß sich diese weitgehenden Übereinstimmungen zwischen beiden Episoden damit erklären lassen, daß der Verfasser der Saga Eiriks des Roten sich einen kleinen literarischen Diebstahl gestattet hat, was unter den Erzählern der damaligen Zeit durchaus nicht unüblich war.

Eirik der Rote hatte noch einen dritten Sohn, Thorstein. Als Thorstein vom dramatischen Ende seines Bruders erfuhr, wollte er nach Vinland reisen und dessen Leichnam nach Hause holen. Auch er durfte Leifs Schiff benutzen, und er machte sich mit fünfundzwanzig Gefolgsleuten sowie seiner Frau Gudrid Thorbjörnstochter auf den Weg.

Doch auch Thorstein war das Glück nicht günstig gesonnen. In der Grönlandsaga heißt es: »Sie irrten den ganzen Sommer hindurch auf dem Meer umher und wußten nicht, wohin es sie führte. Als eine Woche des Winters vergangen war, gingen sie am Lysefjord in der grönländischen Westsiedlung an Land.«

Sie können am Lysefjord überwintern, Thorstein und Gudrid werden bei einem gewissen Thorstein dem Schwarzen einquartiert. Doch das Glück ist ihnen noch immer nicht hold. Viele der Männer Thorstein Eirikssohns werden von einer Seuche dahingerafft, schließlich erleidet Thorstein ebenfalls dieses Schicksal.

Damit ist die Saga der Vinlandreisen jedoch noch nicht zu Ende, denn im folgenden Sommer trifft ein

Schiff aus Norwegen ein. Der Kapitän ist ein Isländer namens Thorfinn Karlsefni, der wohlhabend ist und einer vornehmen Sippe entstammt. Er verliebt sich in Gudrid, Thorstein Eirikssohns Witwe. Es kommt zu keiner langen Verlobungszeit, denn noch im selben Winter findet die Hochzeit statt.

Karlsefni ist eigentlich Kaufmann, entwickelt aber bald Interesse an den Vinlandreisen, von denen auf Grönland immer wieder die Rede ist. Die Grönlandsaga berichtet, daß Gudrid und die überlebenden Männer ihn überreden wollen, eine Reise nach Vinland zu unternehmen: »Die Reise wurde also vereinbart, und er suchte aus, wen er mitnehmen wollte, sechzig Männer und fünf Frauen. Karlsefni und seine Männer kamen überein, etwaige Beute gleich unter alle aufzuteilen. Sie nahmen alle Arten von Haustieren mit, denn sie wollten sich nach Möglichkeit im neuen Land niederlassen. Karlsefni bat Leif um dessen in Vinland gelegene Häuser, doch Leif erwiderte, er könne sie gerne benutzen, schenken wolle er sie ihm jedoch nicht.«

Dann segelte auch Karlsefni gen Westen und im Gegensatz zu Thorstein Eirikssohn fand er ohne große Probleme den Weg zu den Leifsbuden. Wenn wir der Saga Glauben schenken wollen, dann nahm das neue Land sie gastlich auf. Gleich unterhalb der Häuser war ein Wal gestrandet, von dem sie sich ernährten. Deshalb litten sie während des ersten Winters keine Not. Die reiche Natur bot ihnen genug Fisch, Wild und andere Güter.

Karlsefni hatte von den Skrälingern gehört, die Thorvald Eirikssohns Leben auf dem Gewissen hatten. Vielleicht behielt er deshalb die Ruhe bei, als eines Tages plötzlich eine Schar von Eingeborenen aus dem Wald zum Vorschein kam, wie es in der Grönlandsaga beschrieben wird:

Demnach stand das Vieh gleich in der Nähe und die Ochsen brüllten gewaltig los, was den Skrälingern solche Angst einjagte, daß sie mit ihren Waren, nämlich allerlei Fellen und Lederwaren, die Flucht ergriffen. Sie rannten auf Karlsefnis Siedlung zu und wollten in die Häuser eindringen, doch Karlsefni hatte an den Türen Wachen aufstellen lassen. Keine Seite konnte auch nur ein Wort dessen verstehen, was die anderen sagten. Daraufhin ließen die Skrälinger ihre Bündel fallen, öffneten sie und boten an, ihre Waren gegen Waffen einzutauschen, doch Karlsefni verbot es seinen Männern, ihre Waffen herzugeben. Er ersann einen anderen Ausweg, er bat die Frauen, den Skrälingern ihre Milchprodukte zu zeigen. Als sie diese gesehen hatten, wollten die Skrälinger diese und nichts anderes mehr erhandeln. Und so kam es, daß die Skrälinger ihre Einkäufe in ihren Mägen davontrugen. Karlsefni und seine Leute dagegen behielten die Felle und Lederwaren der Skrälinger. Nach diesem Handel zogen die Skrälinger sich zurück.

Wer waren diese Einheimischen, die die Fremden aus dem Osten so verächtlich als »Schwächlinge« bezeichneten? Es gibt zwei mögliche Erklärungen: Bei den Skrälingern handelte es sich entweder um Beothuk-Indianer oder um Inuit. Stuart J. Fiedel schreibt in seinem Buch *Prehistory of the Americas*, es habe sich bei den Skrälingern aller Wahrscheinlichkeit nach um Beothuks gehandelt. Er begründet diese Ansicht vor allem mit der Schilderung, die die Saga von den Eingeborenen gibt, die Thorvald Eirikssohn auf der bewaldeten Landspitze im Osten Neufundlands mit einem Pfeil getötet hatten. Fiedel weist daraufhin, daß die Einheimischen unter ihren Booten schliefen, als Thorvald in den Fjord einsegelte: »Bei einem Kajak wäre das, anders als bei einem Kanu aus Birkenrinde, nicht möglich. Vielleicht hatten die Wikinger aus der Entfernung Rinde mit Haut verwechselt.«

Helge Ingstad, der mehrere Jahre bei Indianern in Nordkanada und bei Inuit in Nordalaska gelebt hat, ist anderer Ansicht. Er schreibt in *Oppdagelsen av det nye landet*, daß die Inuit unter Kajaks und Frauenbooten ebenso schlafen könnten wie Indianer unter Kanus, und sie hätten das auch getan. Er hält die Behauptung der Saga, die Einheimischen hätten unter »Lederkähnen« geschlafen, für ausschlaggebend: »Es liegt doch auf der Hand, daß die Grönländer, die selbst die Kunst des Bootsbaus aus Holz meisterlich beherrschten, sich vor allem das Material einprägen würden, mit dem die ihnen noch unbekannten Boote der Fremden überzogen waren. Hätte es sich dabei um Birkenrinde gehandelt, so wäre das eine Sensation gewesen, die in der Saga bestimmt erwähnt worden wäre.«

Ingstad kommt zu dem Schluß, daß Thorvald Eirikssohn aller Wahrscheinlichkeit nach von den Inuit getötet wurde, da die Inuit ihre Kajaks mit Haut beziehen, während die Indianer für ihre Kanus Rinde nehmen. Er weist auch darauf hin, daß Thorvald und seine Leute im Fjordinneren Hügel sahen, die sie für Wohnstätten hielten. »Auch diese Erwähnung bringt uns zu den

Inuit. Ihre aus Stein und Grassoden angelegten Hütten können aus der Entfernung durchaus wie Hügel aussehen, was bei den hohen, spitzen Zelten der Indianer nicht möglich wäre. Daß es sich um eine Inuitsiedlung gehandelt haben muß, erklärt sich außerdem aus der Tatsache, daß bald darauf eine große Anzahl von Skrälingern in Hautbooten zum Angriff überging.«

Ingstad vertritt darüberhinaus jedoch die Ansicht, daß es sich bei den Einheimischen, mit denen Thorfinn Karlsefni zu Hause bei den Leifsbuden Waren tauschte, um Beothuk-Indianer gehandelt haben muß. Er begründet diese Annahme mit der Tatsache, daß diese Gruppe von Eingeborenen im Wald Pelztiere gejagt hatte, daß sie aus dem Wald kamen und später dort auch wieder verschwanden.

Ingstads Ansicht spiegelt sich im Buch *The First Peoples of the Northeast* von Esther K. Braun und David P. Braun ebenfalls wider. Dort lesen wir allerdings, daß es damals in Neufundland keine seßhaften Inuit gegeben habe. Das bedeutet, daß die Inuit, von denen Thorvald Eirikssohn getötet wurde, von der Labradorküste stammten. Das ist nicht unwahrscheinlich, denn diese Inuit hätten mit ihren schnellen, seetüchtigenen Kanus die schmale Belle Isle-Straße, die Neufundland und Labrador trennt, problemlos überwinden können.

Thorfinn Karlsefni war sicher erleichtert, als die erste Begegnung mit den Skrälingern ohne Blutvergießen von statten ging. Er war Kaufmann, kein Krieger, und er hielt den Handel mit den Einheimischen sicherlich für vielversprechend. Dicke Fellbündel im Tausch gegen Käse, Butter und Sahne, das war doch ein gutes Geschäft. Aber er fühlte sich durchaus nicht sicher und ließ deshalb um seinen Hof einen kräftigen Palisadenzaun errichten.

Erst zu Beginn des Winters ließen sich die Einheimischen das nächste Mal blicken. Sie tauchten mit ihren Fellbündeln bei den Leifsbuden auf, waren diesmal jedoch um vieles zahlreicher. Worauf Karlsefni zu den Frauen sagt: »Geht jetzt hinaus und bringt ihnen die Kost, die sie das letzte Mal so mochten – und *nichts* anderes.«

Diesmal jedoch geben sich die Gäste mit den Milchprodukten nicht zufrieden. Einer versucht, einigen von Thorfinns Männern die Waffen wegzunehmen, weshalb der Sünder auf der Stelle getötet wird. Die anderen Skrälinger fliehen Hals über Kopf und lassen dabei ihre Kleidung und ihre Waffen liegen.

»Jetzt müssen wir uns die Sache gut überlegen«, sagt Karlsefni, »denn ich gehe davon aus, daß sie ein drittes Mal zurückkehren werden, und das in großer Zahl und ohne friedliche Absichten. Zehn von unseren Männern sollen zu dieser Landspitze laufen und sich dort zeigen. Die anderen gehen in den Wald und schlagen eine Rodung, wo wir unser Vieh verstecken können, wenn das feindliche Heer aus dem Wald kommt. Und wir nehmen unseren Ochsen und lassen ihn vor uns hergehen.«

Karlsefni behält recht. Die Einheimischen kehren in großer Zahl zurück und es kommt an der von ihm dafür ausersehen Stelle zum Kampf. Viele der Angreifer fallen und nach einer Weile fliehen die anderen zurück in den Wald.

Der Saga zufolge erleiden Thorfinn und seine Leute bei diesem Kampf keine Verluste. Aber Thorfinn hat offenbar genug. Als der Frühling kommt, stellt er klar, daß er zurück nach Grönland möchte, und später im Sommer laufen sie wohlbehalten zu Hause in den Eiriksfjord ein.

# Freydis zieht gen Westen

Freydis ist sauer. Sauer auf ihren Bruder Leif, der sich nur um seinen Hof kümmert und offenbar das reiche Land im Westen vergessen hat. Sie ist sauer auf Thorvald, der sich einfach von halbwilden Skrälingern hat umbringen lassen, und sie ist es besonders auf Thorstein, der nicht einmal den Weg über das Meer gefunden hat, sondern auf dermaßen jämmerliche Weise nach Grönland zurückgeschwemmt wurde. Und jetzt ist zu allem Überfluß auch noch Thorfinn Karlsefni mit eingekniffenem Schwanz aus dem neuen Land heimgekehrt.

Freydis ist nicht gerade beeindruckt von den Männern ihrer Umgebung. Sie steht auf dem Hofplatz von Gardar und sieht zu, wie ihr Mann Thorvard unterhalb des Hofes sein Boot vertäut. Auch Thorvard ist nicht gerade ein Kerl, weich und nachgiebig, wie er ist, aber immerhin gehört ihm Grönlands größter Hof.

Thorvard war auf Brattahlið und kann Neuigkeiten berichten. Aus Norwegen ist ein Schiff gekommen und hat im Eiriksfjord Anker geworfen. Er hat mit den Isländern gesprochen, denen dieses Schiff gehört, den

Brüdern Helgi und Finnbogi, und kann erzählen, daß die beiden den Winter auf Grönland verbringen wollen. Thorvard findet das gut so. Denn dann wird er sicher nach Brattahlið eingeladen werden und kann dort Neuigkeiten aus der weiten Welt erfahren.

Freydis schnaubt. Ist das alles, woran er denken kann, Festbankette und der Austausch von alten Klatschgeschichten? Aber dann kommt ihr eine Idee, und einige Tage darauf geht sie mit einigen Leibeigenen an Bord des Bootes und segelt hinüber nach Brattahlið.

Helgi und Finnbogi hören Freydis' Vorschlag interessiert zu. Sie fragt, ob die beiden mit ihrem eigenen Boot nach Vinland segeln und alle Beute, die sich dort machen läßt, zu gleichen Teilen mit ihr teilen wollen.

Die Brüder zögern jedoch und sagen, sie müßten sich diesen Vorschlag erst noch genauer überlegen. Eine Reise nach Vinland sei nicht ohne Risiko und so weit sie gehört haben, gibt es in dem neuen Land weder Geld noch Gut, dafür aber verrückte Skrälinger, die nichts anderes zu bieten haben als Zobel- und Rentierfelle. Freydis bekommt an diesem Tag keine Antwort, die beiden versprechen aber, sich bei ihr zu melden.

Freydis fährt wieder nach Hause. Es paßt ihr gar nicht, daß die Isländer nicht sofort auf ihren Vorschlag eingegangen sind. Aber wie immer hat sie sich sehr überzeugend angehört und schon wenige Tage darauf trifft auf Gardar die Nachricht ein, daß Helgi und Finnbogi einverstanden sind. Wieder fährt Freydis nach Brattahlið. Würde Leif ihr wohl die Häuser überlassen, die er in Vinland errichtet hat? Er nutzt sie ja doch nicht. Doch Leifs Antwort ist unverändert: Er verleiht die Leifsbuden gern, hergeben mag er sie aber nicht.

Ehe sie nach Hause zurückkehrt, macht Freydis mit Helgi und Finnbogi aus, daß zwei Schiffe ausgerüstet werden. Jedes soll dreißig arbeitsfähige Männer enthalten, nicht mehr und nicht weniger, dazu Frauen. Freydis kann die Möglichkeit nicht ausschließen, daß es auf einer so langen Reise zwischen Grönländern und Isländern zu Reibereien kommt, und sie will nicht in der Minderheit sein.

Dann stechen die beiden Schiffe mit Kurs nach Westen von Grönland aus in See. Freydis gibt den Isländern einen kleinen Vorsprung, sie sollen nämlich nicht sehen, daß sie fünf Männer mehr an Bord hat. Deshalb treffen die Isländer als erste in Vinland ein und sie haben ihr Hab und Gut bereits in Leifs Haus gebracht, als Freydis' Schiff in den Fjord einsegelt.

Als sie an Land gegangen ist, fragt Freydis: »Warum habt ihr all eure Habe gerade hierher gebracht?« Die Brüder antworten: »Weil wir geglaubt haben, daß alle unsere Abmachungen eingehalten werden sollen.«

»Aber Leif hat die Häuser mir geliehen«, erwidert Freydis. »Und nicht euch.« Worauf Helgi entgegnet: »Wir Brüder können deiner Bosheit nichts entgegenhalten.«

Freydis starrt Helgi an, schweigt jedoch, und die Isländer tragen ihre Sachen wieder aus dem Haus und folgen dem Fluß bis zum See, wo sie ein Haus errichten. Sie haben bereits erkannt, daß es sich empfiehlt, zu dieser harten und willensstarken Grönländerin auf Distanz zu bleiben.

Freydis hat den Ton vorgegeben, und in der kleinen nordischen Siedlung am Ende des idyllischen Fjordes herrscht keine lichte Stimmung. Ihnen steht ein in vieler Hinsicht langer und kalter Winter bevor, und Helgi und Finnbogi hoffen auf gutes Wetter. Die Männer brauchen Zerstreuung und schlagen vor, daß Isländer und Grönländer zusammen allerlei Scherz und Spiel in die Wege leiten können. Freydis stimmt zu und eine Zeitlang scheinen die beiden Gruppen durchaus in der Lage zu sein, den Winter friedlich miteinander zu verbringen. Aber dann kommt es doch wieder zu Streitereien und Meinungsverschiedenheiten, und Spiel und Spaß haben ein Ende. Die Isländer ziehen sich in ihre primitiven Hütten am Wasser zurück und während des Winters haben die Leute von Freydis und die von Helgi und Finnbogi nur wenig Kontakt zueinander.

An einem frühen Morgen im Frühling steht Freydis auf und zieht sich an. Sie legt Thorvards Umhang an, läßt seine Schuhe jedoch stehen. In der Nacht hat sich Tau gebildet, und ihre Füße gleiten durch das nasse Gras, als sie sich am Fluß entlangbewegt.

Die Tür zum Haus der isländischen Brüder ist angelehnt, und Freydis klopft nicht an, sie drückt sie einfach auf und bleibt dann schweigend in der Türöffnung stehen. Finnbogi liegt hinten an der Wand und ist wach. Er fragt: »Was willst du hier, Freydis?« Sie antwortet: »Ich will, daß du aufstehst und mit mir hinaus gehst, denn ich will mit dir reden.«

Er gehorcht und sie gehen zu einem Baumstamm, der vor der Hauswand liegt, und setzen sich. »Wie gefällt es dir hier?« fragt sie, und er antwortet: »Das, was dieses Land zu bieten hat, gefällt mir gut, doch mir mißfällt die Feindschaft, die zwischen uns herrscht, und ich glaube nicht, daß ich daran schuld bin.«

»Du hast schon recht und ich bin ganz deiner Meinung«, sagt Freydis. »Aber ich bin gekommen, um mit euch Brüdern die Schiffe zu tauschen, denn euer Schiff ist größer als meines und ich will jetzt fort von hier.«

»Das läßt sich sicher machen, wenn du damit zufrieden bist«, sagt Finnbogi. Freydis bestätigt das und geht nach Hause.

Thorvard erwacht, als sie wieder ins Bett schlüpft, und er fragt, warum sie so kalt und naß sei. Aufgeregt antwortet sie: »Ich war bei den Brüdern, um mit ihnen einen Handel abzuschließen. Ich wollte das größere Schiff kaufen, aber das haben sie so übel aufgenommen, daß sie mich geschlagen und mißhandelt haben – und du Jammerlappen wirst diese Schande wohl weder in meinem noch in deinem Namen rächen. Jetzt merke ich erst, wie weit weg von Grönland ich bin, und ich werde mich von dir trennen, wenn du meine Schmach nicht rächst.«

Thorvard mustert seine Frau mißtrauisch, er kann an ihrem Körper keine Spuren von Tritten oder Schlägen entdecken. Aber sie läßt nicht locker und am Ende kann er ihre Vorwürfe nicht mehr ertragen. Er weckt seine Männer und läßt sie ihre Waffen holen. Bald sind alle bereit und machen sich auf den Weg zum Haus der Brüder. Sie rücken ganz leise vor, um die Isländer nicht zu wecken. Sie haben Glück und finden sie schlafend vor. Die Grönländer fesseln ihre Opfer und führen sie zur draußen wartenden Freydis. Und Freydis' Befehl ist nicht mißzuverstehen: »Tötet sie!«

Erst, als alle Isländer ermordet worden sind, legen die Grönländer ihre Waffen ab. Doch Freydis ist noch nicht zufrieden, sie verlangt, daß auch die Isländerinnen getötet werden. Ihre Männer zögern, sie wollen keine Frauen erschlagen. Worauf Freydis befiehlt: »Reicht mir eine Axt!« Einer der Männer gehorcht, und Freydis spaltet der ihr nächststehenden Frau den Kopf, dann der dahinter, dann der hinter dieser – bis auch alle Isländerinnen ihr Leben gelassen haben.

Sie lassen die Toten da liegen, wo sie zu Boden gefallen sind, und kehren zu den Leifsbuden zurück. Freydis ist zufrieden mit sich, möchte aber nicht, daß ihr Verbrechen bekannt wird. Sie sagt: »Wenn wir nach Grönland zurückgelangen, werde ich jeden töten, der erzählt, was sich hier zugetragen hat. Wir werden sagen, daß die anderen nach unserer Abreise hier geblieben sind.«

In der Saga Eiriks des Roten wird Freydis nicht die Ehre zuteil, eine Expedition nach Vinland in die Wege geleitet zu haben. Sie ist nur eine von vielen, die sich an Thorfinn Karlsefnis Vinlandfahrt beteiligen. Vermutlich wurde sie aus demselben Grund degradiert wie ihr Bruder Thorvald: Sie ist Grönländerin, Karlsefni stammt aus Island. Es ist auffällig, daß sie – die Hausherrin auf Grönlands größtem Hof und Schwester Leif Eirikssohns – erst ganz am Ende der Saga erwähnt ist. Dort taucht sie plötzlich während des Kampfes mit den Skrälingern auf, der auch in der Grönlandsaga erwähnt wird. Doch in dieser Version sind die Eingeborenen überlegen und zwingen Karlsefni und seine Männer zum Rückzug. Worauf Freydis ganz überraschend mit folgender Frage in die Handlung eingeführt wird: »Warum rennt ihr vor solchen Elendsgestalten davon, so kräftige Männer, wie ihr es seid, solltet ihr sie doch eher wie

Vieh niedermachen. Wenn ich eine Waffe hatte, dann könnte ich wohl besser kämpfen als irgendeiner von euch.«

Die Männer achten nicht weiter auf Freydis, weshalb sie ihnen in den Wald folgt, jedoch nur langsam, denn sie war schwanger. Die Skrälinger bemerken diese seltsame Frau und kommen auf sie zu. Daraufhin nimmt sie einem tot auf dem Boden liegenden Isländer das Schwert ab, um sich damit zu verteidigen. Als die Indianer sie jedoch erreicht haben, entblößt sie ihre Brüste und streicht mit dem Schwert darüber, und damit, so die Saga, jagt sie den Eingeborenen einen solchen Schrecken ein, daß sie augenblicklich davonstürzen.

Diese Stelle in der Saga Eiriks des Roten klingt reichlich unwahrscheinlich. Wenn wir der Grönlandsaga glauben wollen, dann war Freydis zwar ein beängstigendes Frauenzimmer, aber daß die Eingeborenen sich von ihren Brüsten in die Flucht jagen lassen, mutet doch seltsam an. Bestimmt sahen sie nicht zum erstenmal eine Frauenbrust. Die Geschichte wirkt eher wie der Versuch des Autors, aus Freydis eine geheimnisvolle Person mit göttlichen Kräften zu machen, und damit erreicht er sein Ziel: Die Isländer werden mit unbesudelter Ehre aus ihrer Lage gerettet.

Aber auch der Bericht aus der Grönlandsaga wie Freydis die Isländer töten läßt, nachdem Finnbogi ihr sein Schiff zugesichert hat, wirkt nicht überzeugend. Was könnte sie für ein Motiv gehabt haben? War sie dermaßen böse, daß sie eine Krise heraufbeschwörte, nur um Blut zu sehen? Helge Ingstad hat den Verdacht, daß der Verfasser der Saga von dem blutigen Abschlachten wußte, aber nicht entscheiden mochte, wie es dazu gekommen war: »Wenn das Schiff und die Tatsache, daß die Grönländer das Schiff der Isländer an sich bringen wollten, so stark betont werden, dann kann es sich dabei um eine Erinnerung handeln, die einen anderen und natürlicheren Verlauf der Ereignisse andeutet, als die unlogische Darstellung der Saga uns vorführt. Es ist vorstellbar, daß das grönländische Schiff gekentert war, was die Grönländer in eine verzweifelte Lage brachte. Eine Frau wie die dünkelhafte Freydis würde keine Sekunde zögern, die Isländer zu überfallen, ihr Schiff an sich zu bringen und damit davonzusegeln. Einige Isländer wären dabei ums Leben gekommen, andere vermutlich in den Wald geflohen und dort zugrundegegangen.«

Daß Freydis wirklich das Schiff der Isländer mit Gewalt an sich brachte, steht ohne Zweifel fest. In der Grönlandsaga wird berichtet, daß nicht alle ihre Männer den Mund halten konnten, als sie nach Grönland zurückgekehrt waren, obwohl Freydis sie für ihr Schweigen gut bezahlte. Die Geschichte hatte ihr Nachspiel, denn schließlich kam sie auch Leif zu Ohren. Er dachte, daß an der Geschichte etwas faul war und nahm sich drei Männer vor, die mit Freydis in Vinland gewesen waren, und »peinigte sie, bis sie die Wahrheit erzählten. Diese stimmte mit den Gerüchten überein.«

»Ich bringe es nicht über mich«, sagte Leif, »Freydis, meine Schwester, die Strafe erleiden zu lassen, die sie verdient hat, aber ich sage ihr und ihrem Mann voraus, daß sie und ihre Nachkommen für immer vom Unglück verfolgt sein werden.«

Und der Saga zufolge sollte Leif recht behalten: Von Stund an hatte niemand mehr ein gutes Wort über die beiden zu sagen.

# Der Kampf um
# die Heldenrolle

Die Sagas dürfen nicht immer wortwörtlich genommen werden, oft handelt es sich um eine Mischung aus Phantasie und historisch korrekten Überlieferungen. Ein Beweis dafür sind die weitreichenden Abweichungen in den Berichten über die Vinlandfahrten, wie wir sie in der Grönlandsaga und in der Saga Eiriks des Roten finden. Der größte Unterschied liegt in der Wahl der Hauptpersonen. Der Verfasser der Grönlandsaga stellt Leif Eirikssohn und dessen Familie in den Mittelpunkt, in der Saga Eiriks des Roten ist Thorfinn Karlsefni der große Held, während Leif Eirikssohn mit einigen wenigen Zeilen abgespeist wird.

Der Autor der Saga Eiriks des Roten erwähnt die Expeditionen, die Freydis und Thorvald nach Vinland unternommen haben, mit keinem Wort – der nächste, der über das Meer in das neue Land im Westen gelangen kann, ist der Isländer Thorfinn Karlsefni. Er wird begleitet von hundertsechzig Männern und Frauen, unter denen sich auch Thorvald und Freydis Eirikstochter befinden. Mit anderen Worten: Dieses Geschwisterpaar hat keine eigenständigen Reisen nach

Island unternommen; wenn wir der Saga glauben wollen, werden sie auf zwei unter vielen reduziert, die sich Karlsefnis Expedition angeschlossen haben.

In der Saga Eiriks des Roten wird Karlsefni die Ehre zuteil, den Landschaften an Kanadas Nordküste ihre altnordischen Namen gegeben zu haben: Hellulund und Markland. Sie erreichen eine Landspitze, wo sie einen Schiffskiel finden, weshalb sie die Landspitze Kjalarnes nennen, eine Erklärung für die Herkunft des Kiels gibt die Saga jedoch nicht. Weiter südlich wird ein schottisches Ehepaar namens Haki und Hekja, an Land gesetzt, wo sie Weintrauben und wildwachsenden Weizen finden. Dann segelt die Expedition weiter und kommt endlich nach Vinland:

»Sie nahmen das schottische Paar wieder an Bord und segelten weiter, bis sie zu einem Fjord gelangten. Sie folgten dem Fjord mit den Schiffen. Draußen lag eine Insel, die von der Strömung umtost war, deshalb nannten sie diese Insel *Straumsey*« (Strömungsinsel). »Es gab dort so viele Vögel, daß sie kaum wußten, wohin sie zwischen den vielen Eiern ihre Füße setzen sollten. Sie folgten weiter dem Fjord und nannten ihn *Straumsfjord*. Dann trugen sie ihr Hab und Gut an Land und ließen sich dort nieder.«

Im Spätsommer des folgenden Jahres verschwindet ein grönländischer Expeditionsteilnehmer, Thorhall Weidmann. Sie suchen ihn drei Tage lang. »Am vierten Tag fanden Karlsefni und Bjarni Thorhall auf einem breiten Felsvorsprung. Er lag dort mit der Nase nach oben, hatte Augen, Mund und Nase aufgerissen, kratzte und kniff sich und redete irgend etwas vor sich hin.«

Was hier über Thorhall steht, weist große Ähnlichkeit mit der Schilderung des Türken in der Grönland-saga auf, doch in der Saga Eiriks des Roten wird uns keine Erklärung für das seltsame Verhalten des endlich Wiedergefundenen geliefert.

Später reist Karlsefni mit einigen Männern nach Süden, um das Land zu erforschen, und sie kommen zu einem Fluß, der in einem weiter oben gelegenen See entspringt und ins Meer mündet: »Vor der Flußmündung lagen große Sandbänke, und es schien unmöglich, zur Ebbezeit in den Fluß zu gelangen. Karlsefni und seine Männer segelten in die Mündung hinein und nannten das Land *Hop* (Strandsee). Sie fanden im Tiefland wilden Weizen und weiter oben, zum Wald hin, wuchsen Weinstöcke. In den Bächen wimmelte es nur so von Fischen.«

Dieser Teil der Darstellung weist viele Parallelen dazu auf, wie in der Grönlandsaga die Gegend beschrieben wird, in der Leif Eirikssohn und seine Leute sich niedergelassen haben. Dasselbe gilt für die Geschichte vom Stier, der den Skrälingern Angst einjagte. In der Saga Eiriks des Roten steht: »Doch dann kam ein Ochse, der Karlsefni gehörte, aus dem Wald und stieß ein lautes Gebrüll aus. Die Skrälinger fürchteten sich, rannten zu ihren Booten und ruderten an der Küste entlang gen Süden.«

Die meisten norwegischen Historiker gehen davon aus, daß die Grönlandsaga die nordische Entdeckung Amerikas zutreffender schildert. In dieser Saga erhalten wir insgesamt ein logisches und nüchternes Bild der Vinlandfahrten, nicht zuletzt, weil der Autor uns bei jedem Ereignis erklärt, wie es dazu kommen konnte, zum Beispiel für das seltsame Verhalten des Türken, nachdem er endlich wieder auftaucht. Auch die geographischen Beschreibungen Grönlands sind präzise und konsequent – ja, sogar so präzise, daß die Ingstads auf ihrer Grundlage die Leifsbuden finden konnten.

Die Sagas über die Vinlandfahrten enden um das Jahr 1020. Für spätere Zeiten wissen wir wenig über die nordischen Verbindungen zu dem neuen Land. Haben unsere nordischen Vorfahren sich niemals dort niedergelassen? Sind sie nie dorthin zurückgekehrt? Und war Leif Eirikssohn wirklich der erste Europäer, der in Amerika an Land gegangen ist?

# TEIL ZWEI

*Denn Wissen läßt den Mann weise werden,*
*wie immer er später auch leben mag,*
*sei er nun König,*
*Bauer oder Kaufmann.*

aus dem Königsspiegel
(mittelalterliche Textsammlung über die
Rechte und Pflichten des Königs)

# Leif – der »Apostel Vinlands«

»Der Junge, der die Lehre des Papstes über den Atlantik getragen hat, hieß Leif Eirikssohn. Wir brauchen nur diesen Namen zu nennen, und die Gemüter kommen in Wallung.«

Das schreibt Thor Heyerdahl in seinem Buch *Ingen grenser* und liefert die Erklärung gleich hinterher: »Die Antwort ist kompliziert und hängt damit zusammen, daß die Christenheit während der vergangenen fünf Jahrhunderte in Anhänger und Gegner des Stuhls Petri gespalten war – ein Konflikt, der zu ebenso gewalttätigen Verfolgungsmaßnahmen und Schikanen geführt hat wie denen, denen die ersten Anhänger des Gottes der Liebe ausgesetzt waren. Leif Eirikssohn und Christoph Kolumbus, beides gute Katholiken, wurden gegeneinander ins Treffen geführt wie Konkurrenten bei einer Regatta, obwohl doch 492 Jahre zwischen ihren Reisen lagen. Es wird dabei leicht vergessen, daß beide denselben Glauben hatten.«

Die Veröffentlichung von Heyerdahls Buch konnte die Gemüter aber nicht beruhigen, denn jetzt galt Leif Eirikssohn nicht nur als Entdecker Amerikas, sondern

– Heyerdahl zufolge – auch als Apostel Vinlands, der die »Lehre des Papstes über den Atlantik getragen hat«, und zwar nicht nur über den nördlichen Teil dieses Meeres nach Grönland, sondern auch in das noch weiter im Westen gelegene neue Land.

Doch eigentlich kommt diese Ehre Olav Tryggvassohn zu. In seinen Adern floß königliches Blut – weshalb er als kleiner Knabe aus seinem Heimatland verjagt wurde. Auf der Ostsee wurden Olav und sein Gefolge von Seeräubern angegriffen, die den Jungen in Estland als Sklaven verkauften. Einige Jahre später brachte Fürst Wladimir von Nowgorod die Identität des jungen Olav heraus, kaufte ihn frei und gab ihm eine Erziehung, die eines künftigen Königs würdig war. Olav war ein hochgewachsener, gutaussehender Mann, er war der beste Sportler weit und breit und wurde zu einem hervorragenden Krieger. Als er erwachsen geworden war, und damals galt man schon früh als erwachsen, beteiligte er sich an Kriegsfahrten in die Ostseeländer, die Niederlande, England, Schottland und Irland. Es war ein gefährliches, aber einträgliches Geschäft – Olav häufte Gut und Geld an und schaffte es ganz nebenbei, sich taufen zu lassen und dem barmherzigen Christus ewige Gefolgschaft zu schwören, da dieser sich auf so seltsame Weise in den südlich gelegenen Ländern solch große Macht verschafft hatte. Olav war beeindruckt von den mächtigen Kathedralen und den reichen Klostern und von der Achtung, die Könige wie kleine Leute den Dienern der Kirche entgegenbrachten – diesen mächtigen Priestern und Bischöfen.

Olav Tryggvassohn kehrte als großer Mann nach Norwegen zurück und konnte dort das Königreich, das ihm viele Jahre zuvor mit List genommen worden war, wieder in seinen Besitz bringen. Die Jahre im Exil hatten ihn vielleicht gelehrt, wie effektiv sich das Christentum als Regierungswerkzeug einsetzen ließ – es war leichter, fromme Untergebene zu beherrschen, die einem die andere Wange zukehrten, als jähzornige Provinzkönige, die immer wieder auf ihr Recht pochten.

Olav ernannte Trondheim zu seinem Königssitz und dorthin wurde auch Leif Eirikssohn aus Grönland gebracht, als er kurz vor der Jahrtausendwende mit seinem Schiff in Norwegen anlangte. Die Saga Eiriks des Roten berichtet, daß der König Zuneigung zu dem jungen Grönländer faßte und ihn in seine Garde aufnahm. Doch dann kam dem König eine Idee: Island und die Orkney-Inseln waren bereits christianisiert, doch auf Grönland – diesem unabhängigen westlichen Vorposten – beherrschten weiterhin Wotan und Donar die Gemüter der Menschen. Wenn er die Grönländer bekehren könnte, würde ihm das das Wohlwollen des mächtigen Papstes in Rom eintragen, zugleich jedoch würde er, Olav, sein Königreich gewaltig vergrößern. Und nun hatte er das dazu benötigte Werkzeug gefunden: Den jungen Grönländer, der genau im richtigen Moment zu Besuch gekommen war.

Snorri Sturlassohn verliert nicht viele Worte über Leif Eirikssohn und dessen Entdeckung Amerikas, aber Leifs Heimkehr nach Grönland ist ihm immerhin eine Erwähnung wert. Er berichtet, Leif sei noch im selben Sommer nach Grönland gesegelt, um dort das Christentum zu verbreiten: »Im Meer barg er eine Schiffsmannschaft, sie waren hilflos und wurden auf ihrem

85

Wrack einhergetrieben. Danach fand er auch Vinland, das gute Land, und gelangte später im Sommer nach Grönland. Mit ihm reisten Priester und Lehrer, und er begab sich zu seinem Vater Eirik nach Brattahlið und ließ sich dort nieder.«

Snorris Beschreibung der ersten Vinlandfahrt stimmt mit der ebenso kurzen Darstellung in der Saga Eiriks des Roten überein – mit einer Ausnahme: Snorri erwähnt, daß Leif »Priester und Lehrer« bei sich hatte. Auf diesen beiden Episoden baut Thor Heyerdahl auf, wenn er Leif zum ersten Missionar in Amerika ausruft: »Auf diese Weise konnte der siegreiche Olav Tryggvassohn das tausendjährige Jubiläum des Christentums im Triumph feiern, als erster katholischer König, der zielstrebig aktive Missionare über die Nordsee und über den Atlantik gesandt hatte.«

Als PR-Nummer bei einer Buchvorstellung macht sich das ja auch gut, doch daß Leif bei seinem Eintreffen in Vinland Priester und Lehrer bei sich gehabt haben soll, macht aus der Expedition noch längst keine Missionsreise – denn ein Missionar braucht eine gewisse Anzahl von Heiden, um seine Aufgabe erfüllen zu können, und von denen ist bei Snorri und in der Saga Eiriks des Roten schließlich kaum die Rede.

Die Grönlandsaga und die Saga Eiriks des Roten sind die Hauptquellen, was die Vinlandreisen angeht. Doch beide wurden erst über zweihundert Jahre nach den Expeditionen verfaßt, was ihre Deutung so schwierig macht. Denn was mag über so viele Jahre hinweg durch die mündliche Überlieferung verschwunden – und was mag möglicherweise hinzugefügt worden sein?

Es ist kein einziges Dokument aus dem Grönland der altnordischen Periode erhalten. Deshalb galt lange die Auffassung, beide Sagas seien auf Island entstanden, der Saga-Insel par excellence. Helge Ingstad jedoch mag dieser Ansicht nicht zustimmen. Er schreibt die großen Unterschiede in den Darstellungen der beiden Sagas der Tatsache zu, daß die Saga Eiriks des Roten auf Island aufgezeichnet wurde, die Grönlandsaga dagegen auf Grönland: »Die Grönlandsaga unterscheidet sich von Eiriks Saga in auffälliger Weise dadurch, daß die Entdeckung Vinlands dort ganz anders verläuft, und daß die aus Grönland stammenden Kinder Eiriks des Roten – Leif, Thorvald, Thorstein und Freydis – allesamt eigene Expeditionen nach Vinland unternehmen, von denen jede genau geschildert wird. Die Grönländer dominieren hier und die ganze Saga nimmt fast die Gestalt einer grönländischen Sippensaga an.«

Ingstad hält es für wenig wahrscheinlich, daß isländische Erzähler drei Grönländern und einer Grönländerin, die auf Island unbekannt und auch nicht von sonderlichem Interesse für das dortige Publikum waren, große Aufmerksamkeit gewidmet haben, und er führt Freydis' brutalen Überfall auf ihre isländischen Nachbarn in Vinland an: »In der gesamten alten isländischen Literatur gibt es wohl keine einzige Szene, in der die Isländer eine jämmerlichere Figur machen. Üblich ist es dort vielmehr, und dafür könnte man viele Beispiele anführen, daß die isländischen Erzähler das Auftreten ihrer Landsleute in fremden Ländern ganz besonders positiv schildern und dabei oft des Guten zuviel tun. Ihnen begegnen Könige und andere wichtige Personen, von denen sie geehrt werden, sie ziehen gegen gefährliche, von anderen gefürchtete Berserker in den Kampf und tragen den Sieg davon, sie lassen sich keine Beleidigung gefallen, sondern nehmen nachdrücklichst Rache, und überhaupt erscheinen sie als strahlende Botschafter ihres Landes. Wir können hier von einem festen Muster innerhalb der Sagaliteratur sprechen. Wenn wir uns dann aber der Geschichte von Freydis zuwenden, dann sehen wir, daß der Erzähler hier dem Muster nicht folgt, sondern die Isländer als komplette Jammerlappen schildert, und deshalb möchte ich behaupten, daß dieser Bericht nicht von einem Isländer stammen kann, sondern der grönländischen Tradition entsprungen sein muß.«

Ingstad weist darauf hin, daß die Entdeckung Vinlands und anderer Gebiete im fernen Westen für Island ohne praktische Bedeutung war, während sie auf Grönland wirklich alle betraf – die Vinland-Tradition nahm einen zentralen Platz in der Geschichte der grönländischen Bevölkerung ein: »Deshalb haben wir Grund zu der Annahme, daß die Geschichte der Vinlandfahrten beim Volk als lebendige Tradition erhalten war und daß daher die wesentlichen Elemente im Laufe der Zeit unverändert blieben.«

Der britische Historiker Geoffrey M. Gathorne-Hardy, der sich auf norwegische Geschichte spezialisiert hat, gelangt zu derselben Auffassung wie Ingstad. In seinen Schriften verweist er auf das *Flateyarbók*, das einzige Werk, in dem die Grönlandsaga erwähnt wird, und schreibt ihm eine besondere Bedeutung zu, da die Buchsammlung, in der es gefunden wurde, vor allem Literatur enthielt, die sich auf altnordische Siedlungsgebiete außerhalb Islands bezog: »Deshalb können wir gerade in einem Werk wie dem *Flateyarbók* erwarten, eine Saga ausländischer Herkunft zu finden«, meint Gathorne-Hardy.

Halldór Hermannsson, damals Professor für skandinavische Sprachen an der Cornell University in den USA, betonte bereits 1936 die auffällige Tatsache, daß in der Sagaliteratur grönländische Geschichte kaum eine Rolle spielt. In seinem Buch *The problem of Wineland* schreibt er: »Es wurden nur Ereignisse aufgeschrieben, in die Isländer verwickelt waren, die später auf Island darüber berichten konnten.«

Wenn wir von den Überlegungen dieser drei bedeutenden Sagaforscher ausgehen, können wir die Frage stellen: Wenn die Grönlandsaga von einem Isländer geschrieben worden ist, warum sind dann fast alle Hauptpersonen – und vor allem die Helden – Grönländer? Und warum wird Thorfinn Karlsefni in der Saga Eiriks des Roten als *der* große Vinlandheld dargestellt, während Leif Eirikssohn kaum Erwähnung findet, obwohl dort auch steht, daß Leif als erster in Vinland war? Die Antwort liegt auf der Hand: Thorfinn Karlsefni war Isländer, während Leif Eirikssohn aus Grönland stammte.

Die Grönlandsaga und die Saga Eiriks des Roten berichten beide über die Vinlandfahrten – in beiden finden wir häufig dieselben Namen, doch die Sagas gewichten die Rolle von Grönländern und Isländern auf diesen gefährlichen Expedition so konsequent unterschiedlich, daß Grund zu der Annahme besteht, daß wir es hier nicht mit einem Zufall zu tun haben. Welcher Saga also sollten wir Glauben schenken? Helge

Ingstad kennt da keine Zweifel. Auf der Grundlage seiner Forschungen, die fast ein halbes Jahrhundert dauerten, erklärt er die Grönlandsaga für die zuverlässigere. Thor Heyerdahl optiert auf wesentlich vagerer Grundlage für die Saga Eiriks des Roten und dichtet daran sogar weiter.

Beide Sagas wurden vor sieben- bis achthundert Jahren verfaßt, und wir werden vermutlich niemals einen endgültigen Beweis für die These finden können, daß die Grönlandsaga auf Grönland entstanden ist. Aber die Wahrscheinlichkeit einer grönländischen Herkunft ist so groß, daß wir sie zugrunde legen sollten, wenn wir uns ein Bild davon zu machen versuchen, was vor tausend Jahren vor, während und nach den Vinlandfahrten wirklich passiert ist. Die Grönlandsaga entstand auf der Grundlage der Geschichten, die auf Grönland durch Generationen mündlich überliefert worden waren. Wir können durchaus annehmen, daß der Verfasser der Saga Eiriks des Roten die Grönlandsaga zur Hand hatte, als er seine Version der Entdeckung des neuen Landes im Westen zu Papier brachte. Ein solcher Handlungsverlauf könnte zudem die großen Unterschiede in den beiden Sagas erklären.

Aber was mag das Motiv für diese kreative Umdichtung gewesen sein, die sich demnach irgendwann während des 13. Jahrhunderts auf Island zugetragen haben muß? Warum war es dem Autor der Saga Eiriks des Roten so wichtig, Thorfinn Karlsefni zum großen Helden der Vinlandfahrten auszurufen, während Leif Eirikssohn sich mit der Rolle von Olav Tryggvassohns Missionar auf Grönland zufriedengeben mußte? Vermutlich liegt das daran, daß diese Saga von einem Isländer verfaßt worden ist, der zudem noch Geistlicher war. Damit verfolgte er bei seiner Umdichtung ein doppeltes Ziel: Erstens wollte er getreu der isländischen Sagatradition einem Isländer die Ehre für die sagenumwobene Erforschung Vinlands zukommen lassen. Zweitens wollte er die Christianisierung Grönlands zum frühstmöglichen Zeitpunkt in der Kirchengeschichte des Nordens ansetzen, um den Ruhm der Papstkirche zu vergrößern.

Leif Eirikssohns Rolle als Missionar Grönlands ist vermutlich stark übertrieben. Auf Grönland wurde bisher nicht ein einziges heidnisches Grab entdeckt, was die Annahme nahelegt, daß die altnordischen Seefahrer bei ihrem Eintreffen auf Grönland bereits Christen waren. Die Schilderung der raschen und effektiven Bekehrung der Grönländer entspringt vermutlich dem Bedürfnis der Geistlichen, die Vortrefflichkeit der Papstkirche hervorzuheben. Wie Helge Ingstad schreibt: »Er (Leif) begann sofort, das römische Christentum im ganzen Land zu verkünden, und Leifs großartige Leistung bei der Durchführung des Missionsauftrags, den König Olaf ihm auferlegt hatte, wird so salbungsvoll und so energisch wie möglich betont.«

Dieser Teil der Saga Eiriks des Roten ist vermutlich auch dadurch beeinflußt worden, daß die Isländer zweihundert Jahre nach der altnordischen Entdeckung Amerikas versuchten, Olav Tryggvassohn heiligsprechen zu lassen. Vielleicht glaubten sie, ihr Ziel leichter erreichen zu können, wenn sie den Papst davon überzeugten, daß Olav Island und Grönland christianisiert habe.

Aber warum wurde dann der Grönländer Leif als Missionar Grönlands dargestellt und nicht ein Isländer? Vermutlich, weil »alle wußten«, daß Leif Eiriks-sohn Olav Tryggvassohn aufgesucht hatte und vom König selbst mit dem Missionsauftrag belegt worden war. Dieser Teil der Geschichte hatte sich in Norwegen zugetragen, im zivilisierten Teil des Nordens, und war dort bereits allgemein bekannt, weshalb er nicht so leicht ausgeschmückt werden konnte wie die Ereignisse in den abgelegenen Gegenden wie Grönland und Vinland. Außerdem brauchte der Sagaverfasser vielleicht einen lokalen »Prominenten« als Frontfigur. Denn, wie wir gesehen haben, die Sagas sind ebenso personenorientiert wie die Boulevardpresse heutzutage. Nichts wird erwähnt, wenn die Geschichte nicht an einem bekannten Namen aufgehängt werden kann.

Helge Ingstad kommt zu dem Schluß, daß die Saga Eiriks des Roten vor allem entstanden sei, um das Prestige der römisch-katholischen Kirche zu stärken. Und wenn das zutrifft, dann hat der Sagaverfasser sein Ziel erreicht: Olav Tryggvassohn und dem Papst Lob und Ehre für die glorreiche Christianisierung Grönlands zukommen zu lassen.

# Das Land im Westen

Das Land, auf das Bjarni Herjolfssohn im Westen stieß, nachdem er lange Zeit in Nebel und Wind über das grönländische Meer getrieben war, war schon längst entdeckt. Es lag nicht öde und unberührt da und wartete darauf, von Menschen jenseits des Ozeans besetzt zu werden. Die Menschen im Osten hatten längst die großen Wälder und die fruchtbaren Weideflächen dieses reichen Landes erobert. Aber sie waren aus der anderen Richtung gekommen, vom asiatischen Festland her, und hatten für ihre Wanderung viel länger gebraucht als Bjarni.

Vor anderthalb Millionen Jahren machen sich die ältesten Vorfahren der Menschen aus Afrikas tropischen Savannen auf den Weg nach Norden. Langsam aber sicher ziehen sie in kleinen Gruppen weiter, immer auf der Suche nach Nahrung. Manche lassen sich auf dem europäischen Kontinent nieder und bleiben dort, andere ziehen weiter nach Osten und bevölkern den Erdteil, den wir heute als Asien kennen.

Hunderttausend Jahre vergehen, neue hunderttausend kommen. Die Jagd nach Nahrung treibt das Menschentier immer weiter gen Osten und dann wieder nach Norden, bis hinein in die kalte, trockene Tundra Asiens und bis zu der Meerenge, die wir heute die Beringstraße nennen. Und hier wäre die Wanderung vielleicht zum Stillstand gekommen, wenn der Wasserstand in der Beringstraße bereits so hoch gewesen wäre wie heute. Doch die Beringstraße, die die Erdteile Asien und Amerika trennt, war damals trocken. Das Landgebiet, das heute von den Wassern der Beringstraße bedeckt ist, war neunzig Kilometer breit und erstreckte sich vom Eis her über zweitausend Kilometer nach Süden. Es war ungefähr so lang wie Norwegen und wird in der Fachliteratur als *Beringia* bezeichnet.

So hoch im Norden ist die Natur nicht sonderlich gastfreundlich, aber die Menschen, die viele Jahrtausende später aufgrund eines Mißverständnisses »Indianer« genannt werden, sind an das kalte Klima gewöhnt. Hinter einfachen Schutzwänden aus Reisig und Fellen finden sie Schutz vor Wind und Schnee. Schon längst können sie aus Knochen Nadeln und aus dem Fell der von ihnen erlegten Tiere warme Kleidung herstellen. Als dann Mammut, Pferd und Bison durch Beringia nach Asien wandern, ziehen die Menschen hinterher.

Inzwischen haben wir »unsere Zeit« erreicht, vielleicht fünfzehn- bis zwanzigtausend Jahre v. Chr. Die zweibeinigen Geschöpfe, die sich noch immer auf Wanderung befinden, sehen kaum noch aus wie Affen – sondern gleichen uns. Einige folgen der Tundra in östlicher Richtung, andere ziehen hinter dem Wild her nach Süden und stoßen auf einen gewaltigen Gletscher, den weder Mensch noch Tier bezwingen können. Deshalb wandern sie am Gletscherrand weiter und erreichen eines Tages eine Öffnung im Eis, einen breiten trockenen Landstreifen zwischen zwei riesigen Gletschern, von denen einer die Westküste von Alaska bedeckt, der andere fast das gesamte Land, das heute Kanada genannt wird.

Wie immer sind es die Tiere, die den Weg zeigen, sie ziehen weiter, immer auf der Jagd nach neuen Weidegründen. Die Männer folgen den Tieren, die Frauen und Kinder folgen den Männern. Sie leben in Großfamilien, in Gruppen von fünfundzwanzig bis dreißig Menschen, und sie haben kaum Kontakt zu anderen Nomaden, die ebenfalls den Weg durch das Land Beringia gefunden haben.

Viele bleiben oben im Norden, andere stoßen auf den eisfreien Korridor, der sie weiterführt. Irgendwo dort im Süden muß es eine Öffnung geben, denn die Tiere, die sie jagen, kommen nie auf demselben Weg zurück.

Dann erweitert sich der Korridor und abermals erreichen sie eine Landschaft, die ihnen vertraut ist: große offene Weideflächen, Seen, Flüsse und weite Moore. Die ersten Indianer haben das Land erreicht, was für viele Jahrtausende ihre Heimat sein wird. In der Archäologie werden sie *Paläo-Indianer* genannt, was einfach »die alten Indianer« bedeutet. Sie haben den Weg gewiesen und sind die Vorfahren aller Indianer, die später auf dem amerikanischen Kontinent leben werden.

Nichts hält sie jetzt noch auf und je weiter die Paläo-Indianer nach Süden gelangen, um so üppiger und reicher zeigt sich die Natur.

Das neue Land muß dem genügsamen Jägervolk als pures Paradies erschienen sein. Es war so reich an Wild, daß niemand länger Hunger leiden mußte, und das Beste war: Das Wild – Mammut, Bison, Kamel, Pferd und Tapir – kannte die Menschen nicht, es hatte keine Angst vor ihnen und war deshalb leicht zur Strecke zu bringen. Die Menschen müssen das Gefühl gehabt haben, daß die Gottheiten alle ihre Gebete erhört hatten, denn sogar die Bäume lockten mit nahrhaften Schätzen: mit Walnüssen, Hickorynüssen, Eicheln, Kirschen und anderen wohlschmeckenden Gewächsen.

Mit einem Schlag hatten sich die Lebensbedingungen für das Volk, das so lange durch karge Gefilde gewandert war, dramatisch geändert und die Paläo-Indianer vermehrten sich viel rascher als früher. Mit jeder Generation verdoppelte sich ihre Anzahl und immer, wenn ein Ort zu stark bevölkert war, machten einige sich auf den Weg nach Süden. Nur dreihundertfünfzig Jahre, nachdem die erste Jägergruppe den eisfreien Korridor hinter sich gebracht hatte, hatte sich die Anzahl von Indianern auf dem nordamerikanischen Kontinent gewaltig gesteigert. Und sie zogen immer weiter nach Süden, bis sie Feuerland erreichten, die Inselgruppe, die die Südspitze des amerikanischen Kontinents bildet.

Die Saga schildert die einheimische Bevölkerung, der die altnordischen Seefahrer auf Neufundland begegneten, als wild und primitiv. Die Ansiedler auf Grönland nannten sie »Skrälinger«. Auf Altnordisch war ein Skräling eine schwache, kraftlose Person. Es war also ein Ausdruck, der sich als nicht sonderlich passend er-weisen sollte, denn vermutlich wurden die furchtlosen und tatkräftigen Wikinger innerhalb recht kurzer Zeit von diesen Schwächlingen in die Flucht gejagt.

Tatsache ist, daß Leif Eirikssohn und seine Leute in ein Land mit einer hochentwickelten Kultur geraten waren. Bereits dreitausend Jahre vor der »Entdeckung« Amerikas durch die Wikinger hatten Gruppen von nordamerikanischen Indianern sich angesiedelt, in Mittelamerika lebten die Menschen in Dörfern und betrieben ein avanciertes System des Landbaus, als ihre Zeitgenossen in Nordeuropa eben erst den Anbau der primitivsten Getreidesorten erlernten.

Über hundert Pflanzensorten, von denen die Welt heute abhängig ist, wurden von den amerikanischen Indianern entwickelt. Der Mais stammt aus Mexiko, die Kartoffel aus Peru, aber auch eine Reihe von an-deren Pflanzen sind erstmals in diesem Teil der Welt angebaut worden: Tomaten, Avocado, süße Kartoffeln, mehrere Sorten Bohnen, mehrere Kürbissorten und Sonnenblumen – und natürlich Kokablätter und Ta-bak. In Mexiko wurde bereits vor fünftausend Jahren Baumwolle angebaut und einige Jahrhunderte später wurden in Peru aus den langen Baumwollfasern die ersten Stoffbahnen gewebt.

Als Leif Eirikssohn auf Neufundland sein Schiff ver-ließ, lebten die Indianer in Mississippi, Arizona und Neu-Mexiko bereits in hochentwickelten städtischen Gemeinschaften. Im Chaco Canyon, einem fünfzehn Kilometer langen Tal im Nordwesten von Neu-Mexiko, lagen acht Städte nebeneinander, in der Umgebung wurden noch vier weitere gefunden. Die Häuser, die insgesamt mehrere hundert Räume enthielten, lagen um einen offenen Platz, die höchsten hatten vier Stockwerke.

Die größte Stadt wurde später Pueblo Bonito genannt und bedeckte ein Gebiet von zehn Ar. In diesem Pueblo gab es Häuser mit insgesamt sechshundertfünfzig bis achthundert Zimmern. Vermutlich haben vor tausend Jahren allein im Chaco Canyon an die fünfzehntausend Menschen gelebt. Durch eine neue Technik läßt sich auf Luftaufnahmen der Gegend ein umfassendes Wegenetz aufzeigen, einige Wege sind nicht weniger als neun Meter breit, und sie verbanden den Chaco Canyon mit Städten, die fünfundsiebzig bis hundert Kilometer weiter entfernt lagen.

Wenn die altnordischen Seefahrer auf dem amerikanischen Kontinent so weit nach Süden gekommen wären, hätten sie Städte mit hohen Treppenpyramiden, mit Stuck verzierten Böden und Ballspielplätzen gefunden. Ihnen wären Menschen begegnet, die Bild- und Zeichenschrift verwendeten, und die mit Hilfe von systematischen Beobachtungen des Himmelsraumes Kalender entwickelt hatten.

Im nördlichen Teil Amerikas war die Entwicklung noch nicht so weit gediehen. Aber auch dort lebten schon seit langer Zeit Menschen. Auf L'Anse Amour in Labrador wurde ein an die siebentausendfünfhundert Jahre altes Grab entdeckt, das unter anderem einen Walroßzahn und eine seltsam geformte Harpunenspitze mit Widerhaken enthielt.

Bei Port Au Choix in Neufundland – das auf der anderen Seite der Straße von Belle Isle und nur achtzehn Kilometer von der Küste von Labrador entfernt liegt –

wurde eine mindestens dreitausend Jahre alte indianische Grabstätte entdeckt, die hundert Skelette von
Männern und Frauen enthielt. Die Zähne dieser Toten
geben das beste Bild von ihrem Leben. Sie sind abgenutzt, vermutlich, weil sie die Tierfelle weich kauten,
um sie zu Kleidung verarbeiten zu können – aber es
läßt sich keine Spur von Karies an ihnen nachweisen.

Eine ähnliche Grabstätte wurde auf Twillingate Island gefunden, südöstlich vor L'Anse aux Meadows.
Doch hier sind wohl kaum die Vorfahren der Skrälinger
beigesetzt worden. Aller Wahrscheinlichkeit nach haben die Indianer Neufundland um das Jahr 1200 v. Chr.
verlassen, worauf für die nächsten fünfzehnhundert
Jahre die Inuit auf der Insel das Sagen hatten.

Die Inuit waren die letzte Gruppe von Jägern, die
den Weg von Asien in die nordamerikanische Tundra
fand. Das geschah vor etwa viertausend Jahren. Zu
diesem Zeitpunkt waren die großen Gletscher ge-
schmolzen und schon zwei- bis dreihundert Jahre später hatten die Inuit sich über eine Strecke von viertau-
sendachthundert Kilometern von Alaska im Westen
bis zur kanadischen Ostküste verbreitet. Unterwegs
begegneten ihnen Indianer – zeitweise lebten beide
Volksgruppen in engster Nachbarschaft –, aber es konnten sich keine freundschaftlichen Beziehungen ent-
wickeln. Sie haben sich offenbar nur selten miteinander vermischt und ihre Kulturen übten kaum Einfluß
aufeinander aus.

Daß die Beziehungen zwischen Inuit und Indianern
nicht die besten waren, belegt auch die Bezeichnung
»Eskimo«, gegen die die Inuit sich noch heute bisweilen wehren müssen. Das Wort »Eskimo« ist indiani-

scher Herkunft und bezeichnet eine »Person, die rohes Fleisch ißt«. Die Bezeichnung »Inuit« dagegen bedeutet in deren eigener Sprache einfach »Mensch«.

Die Beothuk-Indianer kamen erst etwa dreihundert Jahre n. Chr. nach Neufundland und teilten sich die Insel für einige Jahrhunderte mit den Inuit. Danach gaben die Inuit Neufundland aus uns unbekannten Gründen auf und überließen es den Beothuk. Doch die Inuit entfernten sich nicht weit, sie überquerten nur die Straße von Belle Isle, ließen sich an der Küste von Labrador nieder und lebten vermutlich immer noch dort, als die nordischen Seefahrer ihr Vinland fanden.

Leif Eirikssohns nächste Nachbarn waren Beothuk-Indianer – Angehörige eines hochgewachsenen Volkes mit dunklen Augen und schwarzen Haaren, sowie mit einer Sprache, die mit keiner anderen uns bekannten Ähnlichkeit aufzuweisen scheint. Vermutlich lebten auf Neufundland zwischen zwei- und fünftausend Beothuk, als die Vinlandfahrer vor tausend Jahren in L'Anse aux Meadows an Land gingen. Wir wissen nicht viel über dieses Volk, denn es scheute auch später, als im 16. Jahrhundert neue Europäer in Amerika eintrafen, den Kontakt zu diesen.

Die Beothuk-Indianer lebten von den Tieren, die sie erjagten und von den Früchten, die sie sammelten. Sie waren meist Nomaden, die im Takt der Jahreszeiten weiterzogen – im Sommer lebten sie an der Küste, im Winter im Binnenland. Eine Minderheit war an der Küste seßhaft geworden. Aber auch sie betrieben keinen Ackerbau. Im hohen Norden dauert die wärmere Jahreszeit nicht lang genug für den Anbau der Pflanzen, die die Indianer im Süden entwickelt hatten.

Die Tierwelt auf Neufundland war damals nicht gerade reich. Die Beothuk stießen selten auf andere Tiere als das Karibu – das nordamerikanische Rentier. Zum Ausgleich zog das jedoch in großen Herden über die Insel. Das Meer dagegen war das pure Füllhorn, es war reicher an Fisch, Muscheln und anderen Meeresfrüchten als irgendwo sonst auf der Welt. Die Beothuk waren fähige Seeleute. Sie fuhren in kleinen, stabilen Kanus aufs Meer hinaus und kamen mit Lachs, Muscheln und Seehunden zurück, die sie mit ihren Harpunen erlegt hatten.

Die Beothuk sind wohl die unbekanntesten unter allen amerikanischen Indianervölkern. Niemand weiß, woher ihre Sprache stammt, die mit den anderen Indianersprachen so gar keine Ähnlichkeit aufweist, und es bleibt ein Rätsel, warum sie die Isolation suchten. Trotzdem sind sie es, die allen nordamerikanischen Indianern den Beinamen »Rothäute« eingebracht haben. Die Beothuk liebten nämlich alles, was rot war – und färbten dementsprechend fast ihr gesamtes Hab und Gut mit rotem Ocker. Sie bemalten auch ihren Körper, ihre Haare, ihre Kleider und ihr Gesicht.

Als im 16. Jahrhundert die Europäer nach Neufundland kamen, wurden die Beothuk-Indianer rasch als Diebsgesindel abgestempelt. Aber das ist nicht richtig, denn eine solche Bezeichnung setzt ein moralisches Verhältnis zum Eigentumsrecht voraus, was ihnen fehlte. Wie bei vielen Nomadenvölkern gehörte alles der Gemeinschaft, und die Gemeinschaft konnte nur das besitzen, was sie mit sich weitertragen konnte. Wenn die Beothuk die französischen Siedler auf Neufundland bestahlen, dann war ihnen vermutlich nicht einmal klar, daß das in den Augen der Fremden ein schwerwiegendes Verbrechen war.

Einige Jahrhunderte zuvor hatten die altnordischen Siedler in L'Anse aux Meadows dasselbe erlebt. Vielleicht war das die Ursache dafür, daß Wikinger und Indianer aneinander gerieten und eine der beiden Gruppen die Insel verlassen mußte.

# Wer war zuerst da?

Im Laufe der Jahre sind allerlei Theorien darüber entwickelt worden, daß Menschen in früheren Zeiten den Atlantik mit dem Boot überquert haben. Entsprechende Berichte sind reichlich vorhanden. Eine davon ist die Geschichte des heiligen Brendan[4] oder Brandan, eines irischen Abtes, der angeblich schon im 6. Jahrhundert n. Chr. den Atlantik überquert haben soll.

St. Brendan verließ zusammen mit seinen Mönchen Irland in einem Currach, einem mit Haut überzogenen Boot, um an einem einsam gelegenen Ort ein Kloster zu bauen und dort die Ruhe zu finden, die sie zur Zwiesprache mit Gott benötigten. Nach einer langen Reise fanden sie eine idyllische Insel, wo sie Menschen mit Schweineköpfen vorfanden. Diese seltsamen Wesen entpuppten sich als gefallene Engel, die Gott aufgrund ihres Hochmutes aus seinen Augen verbannt hatte. Auf der Heimreise wurden Brendan und seine Männer von einem riesigen Fisch gefangengenommen, der sie erst vierzig Tage später wieder freiließ.

In Irland erzählte Brendan dann von seiner phantastischen Reise in das neue Land. Vermutlich wurde ihm geglaubt, auf jeden Fall wurde er später als Heiliger verehrt.

Es gibt auch Berichte darüber, daß die Indianer in den südlichen Teilen Amerikas schon vor Lebzeiten St. Brendans Besuch aus anderen Erdteilen hatten. Forscher, die diese Ansicht vertreten, verweisen auf Elemente in der prä-kolumbianischen Indianerkultur, die ihrer Ansicht nach aus dem Mittleren Osten und aus Nordafrika stammen müssen, wie die Pyramiden, die Ähnlichkeit mit den ägyptischen besitzen. Andere nehmen für die gefiederte Schlange, die wir in den mittelamerikanischen Indianerkulturen immer wieder finden, einen Ursprung in Indien, China oder Japan an.

Obwohl es sich nicht beweisen läßt, daß in früheren Zeiten lange Seereisen über Atlantik und Pazifik unternommen worden sind, dürfen wir diese Möglichkeit auch nicht ausschließen. Thor Heyerdahl hat gezeigt, daß es möglich ist, weite Seestrecken in primitiven Fahrzeugen zu überqueren. 1947 segelte er auf einem kleinen Floß aus Balsaholz und Bambus von Peru nach Polynesien, 1970 überquerte er den Atlantik in einer Kopie der altägyptischen Papyrusboote. Obwohl Heyerdahls Expeditionen nicht beweisen können, daß es Kontakte zwischen den Indianern und den Völkern jenseits der großen Meere gegeben hat, zeigen sie doch, daß solche Seereisen möglich waren.

Archäologische Funde können die Forschung zu neuen Wissensquellen leiten, so daß die »Wahrheit«, wie wir sie heute sehen, neu bewertet werden muß. Vielleicht wird es sich beweisen lassen, daß es bereits Menschen auf dem amerikanischen Kontinent gab, als die Vorfahren der Indianer vor über zwölftausend Jahren das Wild durch Beringia nach Alaska verfolgten. Möglicherweise gab es eine frühere Einwanderungswelle aus Asien, von der wir nichts wissen, vielleicht wird sich auch die Theorie bewahrheiten, daß Menschen aus Europa oder Afrika über den Atlantik nach Amerika gesegelt sind.

Einzelne archäologische Funde neueren Datums sind Wasser auf die Mühlen derer, die die allgemein akzeptierten Wahrheiten anzweifeln. Im Herbst 1999 wurde in Brasilien ein menschliches Fossil entdeckt, das bis zu fünfzehntausend Jahre alt sein kann – und angeblich stammt es von einer Person mit afrikanischen Zügen!

Aber die größte Hoffnung auf neues Wissen, das die alten Wahrheiten umstürzen kann, gibt wohl der Kennewick-Mann. 1996 entdeckte ein Wanderer am Ufer des Colorado im Bundesstaat Washington einen Schädel. Archälogische Grabungen wurden vorgenommen und ein fast vollständig erhaltenes männliches Skelett freigelegt. Zuerst gingen die Forscher davon aus, daß sie die Überreste eines der ersten Siedler aus Europa vor sich hätten. Doch als sie eine sehr viel ältere Pfeilspitze fanden, die im Becken des Toten feststeckte, kam es in den Zeitungen in aller Welt zu Schlagzeilen. Die radiologische Datierung des Skelettes ergab zur Überraschung der Forscher, daß der Mann 9200 Jahre alt war. Aber wie war vor 9200 Jahren ein dermaßen europäisch aussehender Mann auf amerikanischen Boden gelangt?

Die endgültige Antwort auf diese Frage kennen wir immer noch nicht, aber die Nachkommen von Paläo-Indianern und Siedlern aus Europa mußten sicher schlucken, als der offizielle Bericht 1999 zu dem Schluß kam, daß der Kennewick-Mann weder indianische noch kaukasoide Züge aufwies, sondern vermutlich aus Südostasien stammte, aller Wahrscheinlichkeit nach aus Polynesien oder Japan. Zugleich betont der Bericht, daß die erste Radiokarbon-Datierung zutrifft – es ist 9200 Jahre her, daß jemand einen Pfeil auf den Kennewick-Mann abgeschossen und ihn damit in die ewigen Jagdgründe befördert hat.

Mit anderen Worten, der Bericht bestätigt keine der bekannten Theorien, wird aber wohl zur Bildung von neuen führen. Denn wie kann vor über neuntausend Jahren ein Mann aus Japan oder Polynesien unter die Indianer an der amerikanischen Westküste geraten sein?

Nach der Entdeckung des Kennewick-Mannes wurden seine alten Knochen sofort von den Nachkommen der Paläo-Indianer und denen der europäischen Pioniere für sich beansprucht, weshalb die Behörden in den USA den Fund bis zur endgültigen Festlegung des Eigentumsrechtes in Verwahrung nahmen. Dieses Tauziehen wird sicher noch an Unterhaltungswert gewinnen, wenn auch Japan und Polynesien sich einschalten und die Rückführung des Urmannes verlangen, damit seine Nachkommen ihm die ihnen angemessen erscheinende Beisetzung bereiten können.

Vielleicht kennt der kanadische Autor Farley Mowat des Rätsels Lösung. In seinem Buch *The Farfarers. Before the Norse* behauptet er, Labrador sei in alten Zeiten von einem Volk bewohnt gewesen, bei dem es sich weder um Inuit noch um Indianer gehandelt habe. Mowat verweist auf alte Inuit-Sagen, in denen von Menschen die Rede ist, die vor den Inuit in Labrador lebten und von diesen *Tunit* genannt wurden. Doch obwohl sie groß und stark waren, konnten sie ihr Land nicht verteidigen. Sie waren friedliebend und setzten sich gegen die Angriffe der Inuit nicht zur Wehr. Sie wichen einfach zurück und verschwanden.

Farley Mowat ist ein weltbekannter Autor – seine Bücher wurden in zweiundfünfzig Sprachen übersetzt und *The Farfarers* war in Kanada ein Bestseller. In diesem Buch trägt er allerlei vage Theorien darüber vor, wie Grönland und Amerika bereits zweihundert Jahre vor den Seereisen Eiriks des Roten und Leif Eirikssohns »entdeckt« wurden. Mowat zufolge kam den beiden nämlich eine bislang unbekannte Urbevölkerung der Britischen Inseln zuvor und auch wenn Mowats historisches Fundament bisweilen in allen Fugen ächzt, so bildet es doch eine faszinierende Lektüre:

Die Britischen Inseln wurden von Osten her von Menschen bevölkert, die vermutlich aus den Gebirgen des Kaukasus stammten. Auf den Britischen Inseln lebten sie Jahrtausende hindurch friedlich und verträglich. Manchmal kam Besuch aus der weiten Welt, aus Karthago oder von den Inseln in der Ägäis. Diese Gäste nannten das Inselreich *Alba*[5] und seine Bevölkerung *Alba*-Volk – Mowat zufolge, weil sie Ähnlichkeit mit Völkern in Asien aufwiesen, die ebenfalls das Wort »Alba« im Namen trugen.

Doch die Idylle ist nicht von Dauer. Die Kelten können inzwischen seetüchtige Boote bauen und dringen über den Kanal ein, der Alba vom europäischen Festland trennt. Das friedliche Alba-Volk, das Kriege nicht gewöhnt ist, wird ins Landesinnere und dann nach

Norden verdrängt. Es läßt sich in unwegsamen Gegenden nieder, weit weg von den Dörfern und Jagdgründen der Kelten.

So vergehen wieder einige Jahrhunderte, doch dann tauchen an Albas Küsten die Römer auf und drängen die Kelten nach Westen und nach Norden. Immer wieder kommt es auf den einstmals so friedlichen Inseln zu Blutvergießen, und es wird noch schlimmer, als auch Angeln, Sachsen und Jüten den Weg über den Kanal finden. Die Kelten werden nach Norden verjagt und schieben das Alba-Volk vor sich her, das sich am Ende auf den windgebeutelten Inseln vor der schottischen Küste niederläßt – den Hebriden, Shetland und Orkney.

Hier hat das Alba-Volk nun zunächst seine Ruhe. Es entwickelt Kenntnisse in Bootsbau und Seefahrt, lernt die Jagd auf Walrösser und andere Seetiere, findet den Weg nach *Tilly–Island*. Es baut mit Haut bezogene Boote – die größten sind fünfzehn Meter lang und haben Mast und Segel, die dem harten Wind des Nordatlantiks standhalten können. Auf der Jagd nach dem begehrten Walroß gelangen sie immer weiter in den Westen und erreichen schließlich *Crona*, die Insel, die später als Grönland bekannt wird. Auch hier machen sie gute Beute und manche kommen später zu Wohlstand, als sie die Walroßzähne an Kaufleute aus Südeuropa verkaufen.

Albas Urbevölkerung hat damit eine fast unglaubliche Anpassungsfähigkeit unter Beweis gestellt, eine Fähigkeit, von der sie in der nächsten Phase ihrer tragischen Geschichte profitieren werden. Denn nun kommen Schiffe aus dem Norden und bringen Menschen,

die noch brutaler sind als die alten Feinde im Süden –
jetzt kommen die Wikinger, und denen geht es nur um
eins: um Gut und Gold.

Wenn wir Mowats Darstellung verstehen wollen,
dann müssen wir uns sein Wikingerbild klar vor Augen
halten. Er nennt dieses Volk »Sons of Death« – Söhne
des Todes – und hat nur Verachtung übrig für moderne
Historiker, die nachweisen wollen, daß die nordischen
Seefahrer sich durchaus nicht nur mit Plünderungen
und Vergewaltigungen amüsiert haben: »... wir sollen
Pioniergeist, Wagemut, Seefahrerkunst und demo-
kratische Gesinnung der Wikinger bewundern. Aber
ihre Opfer haben sie nicht so gesehen ... Angst und
Schrecken, die von den Wikingern verbreitet wurden,
waren allgemein bekannt.«

Die Wikinger waren durchaus keine puren Unschulds-
engel, aber die Vorstellung, sie hätten nur geplündert,
vergewaltigt und gebrandschatzt, trifft schlichtweg
nicht zu. Sie trieben in großen Teilen Europas Handel
und erreichten auf ihren Fahrten über die großen
Flüsse Nowgorod, Kiew, das Schwarze Meer und das
Kaspische Meer. Sie gründeten auf den Britischen
Inseln mehrere Städte, und Ausgrabungen – unter anderem im englischen York – zeigen, daß sie vielseitige
Handwerker waren, die mehr konnten, als nur Boote
zu bauen.

Wie aber ist es dann möglich, daß die Wikinger in
Westeuropa vor allem als blutrünstige Barbaren gel-
ten? Zum ersten dürfen wir nicht vergessen, daß
Europa damals, als die Wikinger nach Süden segelten,
schon seit Jahrhunderten von Krieg und Blutvergießen
geprägt war. Nicht die Wikinger brachten Mord und

Totschlag nach Frankreich und auf die Britischen Inseln – das hatten viele Jahrhunderte zuvor bereits die Römer erledigt, gefolgt von den Angeln, Sachsen und Jüten. Vor allem die Küstenbevölkerung war daran gewöhnt, sich verteidigen zu müssen, wenn am Horizont fremde Schiffe auftauchten, und wir haben deshalb Grund zu der Annahme, daß den Wikingern überall Mißtrauen und Feindseligkeit entgegenschlugen. Zweitens müssen wir daran denken, daß dieser Teil der Geschichte zumeist von anderen geschrieben worden ist als den Wikingern. Damals bestand die einzige Schriftsprache der nordischen Völker aus Runen, die in Stein und Holz eingeritzt wurden, während Süd- und Mitteleuropäer schon längst mit lateinischen Buchstaben auf Pergament schrieben. Und wer die Geschichte schreibt, legt sie nun einmal fest.

Ein Beispiel für diese Tatsache liefert der Wikingerkönig Turgeis, der angeblich im 9. Jahrhundert in Irland sein Unwesen getrieben hat. Der irische König Brian Borumha ließ zwei Jahrhunderte später ein Buch über Turgeis' Untaten verfassen, das noch später als Beweis für die barbarischen Überfälle der Wikinger auf unschuldige Menschen verwendet worden ist. Der Saga nach erreichte Turgeis Irland mit einer Flotte aus hundertzwanzig Schiffen – die eine Hälfte segelte die Boyne hoch, die andere die Liffey. Sieben Jahre lang wüteten Turgeis' Leute in großen Teilen Irlands, sie plünderten, mordeten, vergewaltigten und brannten Siedlungen ab – bis Turgeis dann endlich gefangengenommen werden konnte. Der wilde Wikinger wurde in Ketten gelegt und beendete seine Tage in einer Tonne, die den Hang am westlich Dublins gelegenen Loch Owel hinuntergerollt wurde, der heute Captain's Hill heißt.

Donnchadh Ó Corráin, ein irischer Professor der Keltologie, hat die Geschichte von Turgeis als pures Dichtwerk entlarvt, doch sie wird weiterhin als Beispiel für die Untaten herangezogen, die die Wikinger in Irland und auf den Britischen Inseln begangen haben sollen. Ó Corráin schildert die Wikinger durchaus nicht als friedliebendes Volk, er weist daraufhin, daß es eine grausame Zeit war und daß die Wikinger sich nicht schlimmer aufführten als andere. In seinem Buch *Ireland before the Normans* schreibt er, in irischen Aufzeichnungen aus dieser Zeit seien innerhalb der fünfundzwanzig Jahre nach dem ersten Wikingerbesuch in Irland hundertdreizehn »Angriffe« registriert worden – doch davon lassen sich nur sechsundzwanzig auf die Wikinger zurückführen, den Rest erledigten die Iren selber. »Und selbst wenn wir diese Anzahl verfünffachen, können die Wikinger nicht zu großer Unruhe oder schrecklichem Elend in Irland geführt haben«, schreibt Ó Corráin.

Else Roesdahl, Professorin für Archäologie an der Universität Århus, bestätigt diesen Eindruck in ihrem Buch *Vikingernes verden* (»Die Welt der Wikinger«). Sie weist auf archäologische Untersuchungen hin, die bestätigen, daß es sich bei Dublin und weiteren irischen Hafenstädten wie Wicklow, Arklow, Wexford, Waterford, Limerick und möglicherweise auch Cork um Gründungen der Wikinger handelt. Die archäologischen Funde in diesen Orten liefern handfeste Beweise dafür, daß die Wikinger sich nicht nur für Kriege interessierten, sondern daß sie außerdem tüchtige Kaufleute und geschickte Handwerker waren.

Auch Farley Mowat kennt diesen Teil der wikingischen Geschichte, will aber nicht daran glauben, sondern sagt: »Wir müssen in der Zeit zurückgehen und die Geschichte so sehen, wie sie wirklich war, und dazu brauchen wir die Erzählungen. Wir müssen sie den Akademikern abnehmen und den Geschichtenerzählern, den Sagaschmieden zurückgeben.«

Doch Mowat schenkt den Sagas nur dann sein Vertrauen, wenn sie die Kriegszüge der Wikinger schildern. Die Teile der Sagas, in denen es um Handel, Alltagsleben, Landwirtschaft, Fischerei und Handwerk geht, interessieren ihn nicht weiter, denn sie können seinem Zweck nicht dienen: zu erklären, warum die Nachkommen des Alba-Volkes nach Island und Grönland auswanderten und später als erste Europäer in Nordamerika an Land gingen.

Die nordischen Seefahrer, die Mowats friedliebendes Volk auf den schottischen Inseln heimsuchen, sind um nichts besser als Turgeis und dessen Männer: Sie gehen an den Stränden des Alba-Volkes an Land, hochauf spritzt das Blut und es gibt kein Erbarmen. Die verängstigte Inselbevölkerung rafft alles zusammen, was die Wikinger ihnen nicht geraubt haben, und setzt sich nach Norden ab, nach Island. Aber auch dort werden sie nicht in Ruhe gelassen, denn nun trifft Ingolf Arnessohn mit seiner Bande ein, unterwirft Island und unterzieht die dortige Bevölkerung der inzwischen bekannten Behandlung.

Das Alba-Volk flieht nun nach Grönland und lebt dort lange Zeit von der Jagd auf Walrösser und andere

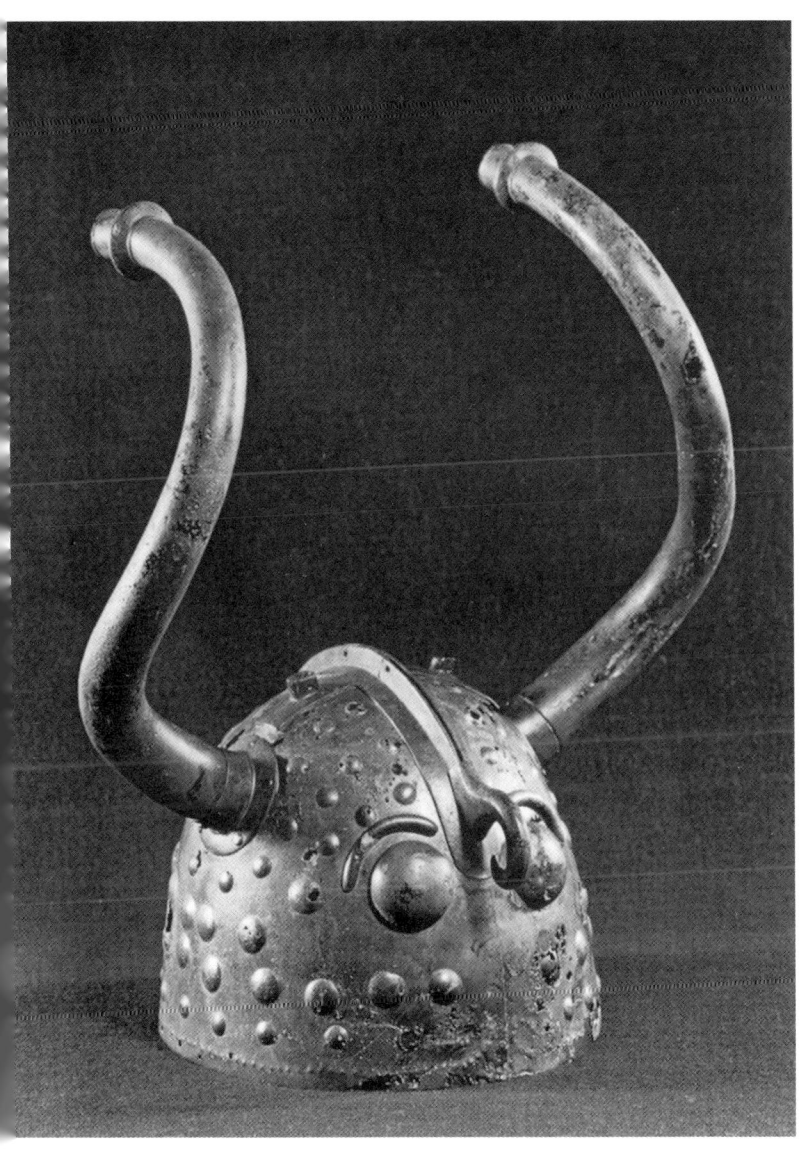

*Der Wikinger, ein Krieger*
Die Wikingerzüge waren Abenteuer
und Gefahr zugleich: Ein typischer
Wikingerhelm mit geschwungenen
Hörnern aus dem 11. Jhdt.

*Volk der Seefahrer*

Die große Leistung der Wikinger
bestand in ihren seefahrerischen
Fähigkeiten: Denn selbst
wenn die flachen »Drachen-
schiffe« schnell und leicht zu
manövrieren waren, so waren
sie doch primitiv ausgestattet.
Die Mannschaft schlief und
aß auf dem offenen Deck, vor
Wind und Wetter lediglich
durch ein Segel geschützt.

Zwei der am besten erhaltenen
Wikingerschiffe wurden in
alten Grabhügeln in Vestvold,
Norwegen gefunden: Das
Gokstadschiff (gebaut um
890, entdeckt 1880) und das
Osebergschiff (gebaut 815–820,
entdeckt 1904), reich geschnitzt
und voller Motive aus der
Sagenwelt der Wikinger.

*Drachen des Nordens*
Das beliebteste Motiv der
Wikingermythologie war der
Drache. Die Ungeheuer der Fin-
sternis, die den Untergang der
Götterwelt darstellen, wurden
besonders in der Legende vom
Ragnarök-Kampf lebendig. Der
Tod war für die Wikinger nicht
ein Leben in ewiger Herrlichkeit,
sondern ein unerbittlicher
Kampf, den sie nicht gewinnen
konnten: Drachenungeheuer
(8. Jhdt.) aus dem Osebergfund,
Bronzedrache (8. Jhdt.)
aus Schweden, Drachenkopf
(10. Jhdt.) aus Dänemark

*Götter zwischen Himmel und Erde*
Als Hauptfiguren neben *Odin* galten
in der nordischen Götterwelt *Thor*,
der Blitz- und Donnergott (Bronzestatur, gefunden in Island), *Frey*, der
Gott der Fruchtbarkeit (Bronzestatur,
gefundcn in Norwegen), und die
weiblichen *Walküren* – hier abgebildet
mit Streitaxt –, die die gefallenen
Krieger in Walhalla, dem Reich der
Toten, willkommen hießen (Silber-
statur, gefunden in Schweden). Von
den Nordmännern am meisten verehrt wurden jedoch die sogenannten
Kriegergötter – wie auch diese unbekannte Gottheit mit Hörnerhelm
aus dem 8. Jhdt.

*Heilige Steine*
Wo immer die Wikinger
sich aufhielten, hinter-
ließen sie Zeichen ihres
Daseins: Ein besonders
schöner Runenstein
steht auf der Isle of Man,
geritzt im Jelling-Stil, der
im 11. Jhdt. in Norwegen
sehr populär war. Das
dynamische Geschlinge
von Tierkörpern und
Ranken soll Ausdruck
der männlichen Kraft der
Wikinger sein.

## Zeugen aus frühen Jahrhunderten

Die noch erhaltenen Grundmauern einer Kirche
aus dem frühen 14. Jhdt. auf Brattahlíð, dem Hof Erik
des Roten auf Grönland, sind bleibendes Zeugnis
der fortschreitenden Christianisierung des Nordens.
Das alte Steinkreuz aus dem 11. Jhdt. auf Kvitsøy
vor der Westküste Norwegens dient noch heute den
Seefahrern als Wegweiser Richtung Westen.

*Zeichen von Stärke und Kraft*
Die Wikingeraxt hatte sowohl zeremonielle
wie auch kriegerische Funktionen und
wurde gerne zur Schau gestellt, wie hier
der Kopf einer Wikinger-Streitaxt aus dem
10. Jhdt., reich verziert mit kunstvollen
Ornamenten, gefunden in Dänemark.

Seetiere. Sie kennen die Insel gut, haben sie genau erforscht – sie haben dort sogar bisweilen überwintert,
als sie noch auf den schottischen Inseln hausten. In
den engen Fjordarmen finden sie Schutz vor winter-
lichen Stürmen und wikingischer Wut. Hierher kommen keine Wikingerschiffe, hier gibt es nur Schiffe von
den Britischen Inseln, die Mehl, Waffen und Werkzeug
gegen Fell, Walroßzähne und weiße Falken eintauschen wollen.

Das Alba-Volk weiß, daß noch weiter westlich ein
Land liegt. Vor langer Zeit sind ihre Jäger aus *Crona*
zurückgekehrt und haben erzählt, daß sie dort, wo die
Sonne untergeht, Berge gesehen hätten. Vielleicht haben sie die Überfahrt schon einmal unternommen, es
ist nicht sehr weit, verglichen mit der Entfernung zu
ihren Heimatinseln. Mowat drückt sich in diesem
Punkt unklar aus, er erklärt jedenfalls, daß das Alba-
Volk zweihundert Jahre vor Leif Eirikssohn in Labrador
an Land gegangen sei. Wenn das stimmt, dann sind sie
zumindest dort nicht von den Wikingern verjagt worden, denn Eirik der Rote und seine Leute haben Grönland erst sehr viel später erreicht.

Doch nach Labrador segeln sie in ihren robusten
Hautbooten, ungefähr auf derselben Route, der einige
Jahre zuvor die Vinlandfahrer gefolgt sind, über die
Davis-Straße nach Baffin Island. Sie segeln unter Land,
zuerst nach Süden, dann an der Küste entlang nach
Westen bis zur Ungava Bay, und hier sehen sie Horden
von Walrössern – dieser begehrten Beute – und andere
Tiere im Wasser und an Land. Sie bauen sich schlichte
Steinhäuser – und endlich kommt dieses gehetzte Volk
zur Ruhe. Niemand hier ist ihnen übel gesonnen. Die

einzigen Menschen, die ihnen begegnen, sind *Tunit*, und dieses Volk ist ja ebenso friedliebend wie sie selbst. Die Menschen aus Alba haben, wie Mowat sich ausdrückt, nach der langen Flucht ihr Jerusalem gefunden.

Jetzt folgt für das im Westen siedelnde Alba-Volk eine gute Zeit. Handelsschiffe aus den südeuropäischen Ländern finden den Weg an die kanadische Nordküste und Gerüchte über große Mengen an Walroßzähnen sind den Kaufleuten bereits zu Ohren gekommen. Es fällt den Seefahrern aus dem Osten nicht schwer, den Weg zu den neuen Siedlungen zu finden, denn die Siedler haben am Auslauf der Hudson Bay große Steinhaufen aufgetürmt, in der Ungava Bay, wo Meer und Land einander begegnen.

Im Laufe der Zeit überqueren auch die restlichen Angehörigen des Alba-Volkes die Davis-Straße. Farley Mowat erklärt uns nicht weiter, warum sie allesamt ihre neue Heimat in Grönland wieder aufgeben. Vielleicht habe sich das Klima verschlechtert, vielleicht hätten sich auch die Kauffahrteischiffe aus dem Süden immer seltener eingestellt. Vielleicht steuern diese Schiffe lieber die Ungava Bay mit ihrem größeren Warenangebot an. Oder sind wir in der Geschichte vielleicht schon so weit gekommen, daß Eirik der Rote auf der Insel an Land gegangen ist, alles an sich reißt, was irgendeinen Wert aufweist, und den Einheimischen eine Höllenangst einjagt – wie Wikinger das so an sich haben?

Mowat zufolge hat nun das letzte, aber glücklichste Kapitel in der Geschichte des Alba-Volkes seinen Anfang genommen. Die Menschen, die seinerzeit über das asiatische Festland westwärts gewandert sind, sind bei den geheimnisvollen *Tunit,* deren Herkunft niemand kennt, auf Gleichgesinnte gestoßen. Ehen werden untereinander geschlossen – denn das Alba-Volk hat sich vor Verlassen der Britischen Inseln noch schnell zum Christentum bekehren können –, Kinder werden geboren, und während die eine Generation ausstirbt und die andere geboren wird, verschmelzen beide Seiten zu einem Volk. Langsam aber sicher ziehen sie an der Küste von Labrador nach Süden, sie gründen in Okak eine lebensfähige Gemeinschaft und sie erreichen nach und nach die fruchtbare Insel Neufundland, wo Indianer und Inuit das geschafft haben, wonach sie sich selber nur sehnen konnten: die blutrünstigen Wikinger zu vertreiben.

Was mag Farley Mowat dazu bewogen haben, diese lange Reise durch Raum und Zeit anzutreten, auf den Spuren eines Volkes, von dem vorher nie jemand gehört hatte? Wie alle, die etwas Neues gestalten, hatte er zuerst eine Idee, und diese Idee kam ihm 1966, als er die Umgebung der Ungava Bay besuchte.

Dort sieht er die großen Türme aus flachen Steinen, die scheinbar sinnlos über der flachen Landschaft aufragen. Er erkundigt sich bei Bekannten danach, wer diese Türme aufgeschichtet haben kann, doch niemand weiß eine Antwort. Eins steht jedoch fest: die Inuit wollen es nicht gewesen sein. Sie erzählen, daß die Steinhaufen von »weißen Fremden« errichtet wurden, die in grauer Vorzeit einmal mit ihren Booten die Küste von Labrador erreicht haben.

Mowat macht aber noch eine weitere Entdeckung. An mehreren Stellen in der Gegend findet er Steinformationen, die durchaus an Ruinen von alten Häusern erinnern. In der Umgebung der Ungava Bay gibt es fünfzehn von diesen Formationen, dazu kommen noch dreißig weitere in anderen Teilen des arktischen Kanada. Die Steine sind von Moos überwuchert, und offenbar sind sie vor sehr langer Zeit von Menschenhand hier hinterlassen worden. Auch hier wollen die Inuit nichts mit der Sache zu tun haben. Doch wer hat die Steine dann so sorgfältig auf dem Boden angeordnet? Und warum?

Farley Mowats Interesse ist geweckt, und er sieht sich die Steinhaufen und Bodenformationen genauer an. Die Steine auf dem Boden bilden ein längliches Muster, das in Ausmaßen und Form durchaus an altnordische Langhäuser erinnert. Waren die Wikinger also auch hier? Das ist vielleicht nicht ganz unwahrscheinlich, wenn wir bedenken, daß die Ungava Bay nur eine knappe Tagesreise vom Auslauf der Hudson-Straße entfernt liegt, die wiederum die Wikinger auf ihren Fahrten nach und von Vinland durchqueren mußten. Doch Mowat verwirft diese Überlegung sehr bald wieder, denn es finden sich keine Spuren irgendwelcher Dachkonstruktionen – weder Holzreste noch von Wandbrettern hinterlassene Löcher im Boden, was sonst bei den Ruinen alter Langhäuser immer der Fall ist. Und woher hätten sie das Holz für die Dächer auch nehmen sollen? In diesem Teil Kanadas wachsen keine Bäume, sondern nur Gebüsch und Gestrüpp.

Mowat erfährt dann, daß in dem einen »Langhaus« Schädel gefunden wurden; der eine hatte offenbar einem oder einer Inuit gehört, der andere dagegen wies einwandfrei kaukasoide Züge auf. Doch wer konnte dieser kaukasoide Mensch gewesen sein, und woher war er gekommen?

Einige Zeit später findet Mowat bei einem Besuch auf den Shetland-Inseln die Antwort auf diese Frage. Dort bietet sich ihm ein ganz überraschender Anblick: Steinhäuser mit Bootsrümpfen als Dach. Die Lokalbevölkerung berichtet, daß auf den Inseln vor der schottischen Küste seit undenklichen Zeiten solche Bootsrümpfe als Dächer gedient haben. In baumlosen Gegenden ist diese Lösung praktisch und ökonomisch.

Auf Shetland sieht Mowat auch große Türme aus flachen Steinen, die unverwechselbar Ähnlichkeit mit denen auf Labrador aufweisen. Kann das die Antwort auf die Frage sein, die sich ihm jenseits des Ozeans gestellt hat? Sind die Steinformationen von Labrador wirklich die Reste von Hausmauern, und lassen sich die fehlenden Spuren von Dachkonstruktionen darauf zurückführen, daß die Bewohner dieser Häuser ihre schlichten Boote umgedreht und sie als Dächer auf die Mauern gelegt haben? Und handelte es sich bei dem Schädel mit den kaukasoiden Zügen um die sterblichen Überreste eines Menschen, der von den windgebeutelten Inseln im äußersten Norden der Britischen Inseln stammte?

Farley Mowat ist von dieser Erklärung überzeugt. Er macht sich auf seine lange Reise durch die Geschichte, obwohl kein organisches Material vorhanden ist, das eine Radiokarbon-Datierung der Steinhügel oder der vermeintlichen Hausreste gestatten würde. Aus irgendeinem Grund verrät Mowat nicht, warum der kaukasoide Schädel keiner solchen Datierung unterzogen wurde, denn dann wüßten wir immerhin, wann der dazugehörige Mensch gelebt hat. Vielleicht handelte es sich ja auch um einen verschollenen Pelztierjäger aus der Pionierzeit oder um einen Angehörigen der Mannschaft des britischen Entdeckungsreisenden Sir John Franklin, der um die Mitte des 19. Jahrhunderts auf der Suche nach der legendären Nordwestpassage im Eis steckengeblieben war. Mehrere seiner Männer verließen damals das Schiff und versuchten, bewohnte Gegenden zu erreichen, doch alle kamen bei diesem Versuch um.

Farley Mowat stellt in seinem Buch viele spannende Theorien vor. Einige werden sich vielleicht irgendwann einmal beweisen lassen. Sein Fehler jedoch besteht darin, daß er seine Theorien als Fakten ausgibt. Auf diese Weise hat er in aller Welt großes Interesse an seiner Geschichtsauffassung erregt. Durch seine kühnen Schlußfolgerungen hat er sich jedoch zugleich mit den Fachleuten überworfen, was dazu geführt hat, daß kaum ein Historiker und Archäologe den Wunsch hat, seine Theorien zu überprüfen. Das ist schade, doch Farley Mowat hat daran vermutlich auch kein Interesse.

Was aber wurde aus den Nachkommen von Albas Urbevölkerung? Die Menschen, die im Norden geblieben waren, wurden zusammen mit den befreundeten und verschwägerten *Tunit* von den Inuit in unbekannte Gefilde vertrieben; die anderen jedoch, die nach Süden gewandert sind, weilen noch immer unter uns.

Farley Mowat läßt sein Buch von einem Freund beenden. Dieser Freund heißt Leonard Muise und ist ein Angehöriger des *Jakatar*-Volkes, der »Landfahrer« Neufundlands – sie haben braune Augen, dunkle Haare und braune Haut und halten sich selber für eine Mischung aus Indianern und Südeuropäern. Muise sagt: »Diese vielen Menschen aus früheren Zeiten ... die sind nicht einfach ausgetrocknet und vom Winde verweht worden, weißt du. Pustekuchen, sage ich! Tatsache ist, daß sie allesamt noch immer hier sind ... ehe wir's uns versehen, tauchen hier plötzlich Forscher auf und wollen DNA-Tests vornehmen, um festzustellen, woher wir stammen. Und ich bin mir ziemlich sicher, daß die Ergebnisse sie überraschen werden. Aber wir Jakataren ... wir werden überhaupt nicht überrascht sein, denn, verstehst du, wir wissen, wer wir sind.

# Grönlands ungelöstes Mysterium

Eines der größten Rätsel der nordischen Geschichte ist auch heute noch ungelöst: Was wurde aus den nordischen Siedlern auf Grönland? Bis zum Beginn des 14. Jahrhunderts scheinen die Nachkommen Eiriks des Roten bei bestem Wohlergehen in der Westsiedlung und der Ostsiedlung gelebt zu haben, doch eines Tages waren sie dann verschwunden.

Im Jahre 1721 erreichte der Apostel Hans Egede die grönländische Südwestküste. Er hatte viermal an König Fredrik IV. und an den Bischof von Bergen geschrieben und darum gebeten, eine Missionsreise zu den Grönländern unternehmen zu dürfen. Er ging davon aus, daß auf Grönland Nachkommen der nordischen Siedler lebten, die von der Reformation nichts gehört hatten und noch immer dem Papistischen Glauben anhingen.

Doch seine Bitten wurden immer abschlägig beschieden. Am Ende gab Egede seine Pastorenstelle in Vågan auf den Lofoten auf und begab sich auf eigene Faust und eigene Rechnung zu der sagenumwobenen Insel im Westen. Dort jedoch fand er keine

Nachkommen der nordischen Kolonie, er stieß nur auf Inuit.

Wir wissen nicht genau, wann die nordischen Siedlungen aufgegeben wurden, es muß jedoch frühestens in der ersten Hälfte des 15. Jahrhunderts passiert sein. Im September 1408 heirateten in der nicht weit von Brattahlið gelegenen Kirche von Hvalsey der Isländer Thorstein Olafssohn und die Grönländerin Sigrid Björnstochter. Die Eheschließung wurde schriftlich registriert und stellt den letzten erhaltenen schriftlichen Bericht über Grönland dar.

Zwei Jahre zuvor hatte ein Schiff sich auf dem Weg von Norwegen nach Island nach Grönland verirrt. Die isländischen Chroniken berichten, daß die Seeleute vier Jahre dort verbrachten, ehe sie nach Norwegen zurückkehrten. Bei ihrer Heimkehr erwähnten sie nicht, daß es auf Grönland irgendwelche Probleme gebe oder daß die Grönländer im Verschwinden begriffen seien.

Aber vielleicht hatten damals die Grönländer zum letzten Mal Kontakt mit ihrer Umwelt – falls wir nicht den vielen abenteuerlichen Geschichten Glauben schenken wollen, nach denen ein Jahrhundert später portugiesische Piraten die grönländische Küste überfielen und die Nachkommen der Wikinger als Sklaven nach Portugal, Madeira und Tenerifa schafften.

Vermutlich geht der Mythos, die nordischen Grönländer hätten ihre Tage als unbezahlte Landarbeiter bei Großgrundbesitzern in südlichen Breitengraden beendet, auf den Apostel Grönlands zurück. Denn nach seinem Aufenthalt auf Grönland schrieb Hans Egede nieder, was ein Inuit ihm während seiner Missionierungsversuche unter den grönländischen Heiden erzählt hatte. Es handelte sich um eine alte Sage, und zu Egedes Verteidigung müssen wir anführen, daß er seine Geschichte auch nie als etwas anderes ausgegeben hat.

Die Sage berichtet, daß die Inuit sich irgendwann auf die Wanderung in den Süden Grönlands machten und die nordischen Siedlungen erreichten. Anfangs blieb das Verhältnis zwischen beiden Völkern recht kühl, im Laufe der Zeit besserte es sich jedoch. Dann wurde die Idylle von drei Seeräuberschiffen zerstört, die vor den Häusern der Ostsiedlung vor Anker gingen. Die Piraten griffen an, die Siedler jedoch konnten die Besatzung des einen Schiffes überwältigen und die beiden übrigen Schiffe in die Flucht jagen. Der Friede war indes nicht von Dauer, denn im folgenden Jahr segelte eine ganze Piratenflotte vor die grönländische Südküste. Die Fremden plünderten, brandschatzten und mordeten, doch zum Glück kamen viele Grönländer mit dem Leben davon. Einige hatten die Nase voll und flohen mit ihren Booten über das Meer, vermutlich nach Amerika. Die Mutigsten jedoch harrten aus.

Egede berichtet, daß das von den Piraten verursachte Leid die Inuit und die nordischen Grönländer einander näher brachte, weshalb die Inuit beschlossen, ihren Nachbarn bei einem abermaligen Piratenüberfall zu Hilfe zu eilen. Doch dieses Versprechen hielten sie nicht ein. Im folgenden Sommer starteten die Seeräuber einen weiteren Überfall auf die Ostsiedlung, was den Inuit eine solche Angst einjagte, daß sie zusammen mit fünf weißen Frauen und einigen Kindern ins Landesinnere flohen. Erst im Herbst wagten sie die Rückkehr zur Siedlung, doch die war inzwischen dem Erdboden gleichgemacht worden.

Die Theorie, die Grönländer seien von den portugiesischen Seeräubern in die Sklaverei verschleppt worden, stützt sich unter anderem auf einen Brief, den Papst Nikolaus V. im Jahre 1448 an die beiden isländischen Bischöfe schrieb: »Aus nahegelegenen heidnischen Küsten kam vor dreißig Jahren eine Flotte von Barbaren, die die Lokalbevölkerung mit einem grausamen Überfall angriff und Feuer und Schwert an ihr Land und dessen heilige Gebäude legte, mit der Folge, daß nur neun Kirchen übrigblieben, nämlich die am weitesten abgelegenen und durch die steilen Klippen am schwersten zugänglichen. Die armen Männer und Frauen der Siedlung, vor allem die, die als stark und geeignet erschienen, die harte Last der Sklaverei auf sich zu nehmen, wurden von den Tyrannen in deren eigenes Land verschleppt. Doch, was ebenfalls in den Anklagen zur Sprache kommt, im Laufe der Zeit sind die meisten aus der erwähnten Gefangenschaft in ihre eigene Heimat zurückgekehrt und haben hier und dort ihre zerstörten Häuser wieder aufgebaut. Deshalb sehnen sie sich jetzt danach, die heiligen Gottesdienste wieder aufzunehmen und zu erweitern.«

Thor Heyerdahl kommt in *Ingen Grenser* zu dem Schluß, daß hier von allerhöchster kirchlicher Warte in Rom belegt wird, daß bereits 1418 Männer und Frauen aus den christlichen Siedlungen auf Grönland von Sklavenhändlern verschleppt worden sind.

Wie schon so oft, trifft Heyerdahl mit dieser Ansicht bei Fachleuten, in diesem Fall Archäologen und Historikern, auf geballten Widerstand. Ihm wird vorgeworfen, übereilt zu urteilen. Christian Keller, Professor für Archäologie an der Universität Oslo, und der Archäologe Thomas McGovern aus den USA bezeichnen 1997 in der norwegischen Zeitung *Dagbladet* Papst Nikolaus' Brief als verwirrend. Sie sehen den Papst unter dem Einfluß seines Kartographen Claudius Clavus, eines notorischen Aufschneiders, der behauptete, mehrmals »mit eigenen Augen« Skrälinger bei einem Überfall auf Grönland beobachtet zu haben, während er in Wirklichkeit dieses Land nie besucht hatte.

Die beiden Archäologen glauben, der Papst sei dem zeitgenössischen Irrtum zum Opfer gefallen, Grönland liege nördlich der Finnmark, weshalb er sich in Wirklichkeit auf einen Überfall bezog, der sich in Nordnorwegen abgespielt hatte. Dazu passen die Klagen, die 1418 bei dem dänisch-norwegischen König Erich von Pommern über karelische Angriffe auf die nordnorwegische Bevölkerung einliefen – in dem Jahr also, in dem laut Papst Nikolaus V. in Grönland Barbaren an Land gegangen sein sollen. Außerdem mutet es seltsam an, daß der Papstbrief als Erklärung für das Verschwinden der nordischen Grönländer dienen soll, wo doch, wie es im Brief heißt, die meisten von ihnen aus der »erwähnten Gefangenschaft in ihre eigene Heimat« zurückgelangt seien.

Sollten wir die Seeräubertheorie deshalb verwerfen? Nein, das wäre dann doch übereilt. In seinem Buch *Vestover før Kolumbus* (»Nach Westen vor Kolumbus«) stellt der Schriftsteller und Journalist Kåre Prytz die Behauptung auf, die »Aufteilung der Welt«, die 1494 Spanien und Portugal vornahmen, habe den Anlaß zu einer Serie gegen Grönland gerichteter portugiesischer Beutezüge gegeben. Die beiden Mächte zogen im Westen der Kap Verdischen Inseln eine 2055 Kilometer lange Trennlinie. Danach sollten die neuentdeckten Gebiete auf der östlichen Halbkugel Portugal, die auf der westlichen dagegen Spanien zufallen. Wenn Prytz diese Abmachung richtig gedeutet hat, wurde Grönland damit zu portugiesischem Territorium. Damit jedoch waren die Grönländer noch längst nicht zu Freiwild für portugiesische Sklavenhändler erklärt. Der Papst hatte klargestellt, daß nur Heiden als Sklaven genommen werden dürften, und die nordischen Grönländer konnten nun wirklich nicht als Heiden bezeichnet werden, schließlich hatte Leif Eirikssohn sie bereits im Jahre 1000 christianisiert. Doch, das konnten sie wohl, schreibt Prytz: Papst Alexander VI. hatte 1492 dem dänischen König vorgeworfen, sich nicht mehr um Grönland zu kümmern. In seinem Brief an den König in Kopenhagen hatte er geschrieben, diese »unglückliche Bevölkerung« sei dem Heidentum verfallen und habe ihren »katholischen Glauben aufgegeben.« Mit anderen Worten: Sie durften in die Sklaverei verschleppt werden.

Kåre Prytz setzt die portugiesischen Beutezüge etwa auf das Jahr 1500 an. In diesem Jahr veröffentlichte der portugiesische König Manuel einen Erlaß, der dem portugiesischen Entdeckungsreisenden Gaspard Corte-Real die Inseln im Norden überließ, unter anderem Grönland, Neufundland und Labrador, das damals in Europa noch für eine Insel gehalten wurde. Damit fiel ihm ein Viertel der Einkünfte zu, die er aus diesen Ländereien herauspressen konnte. Wir haben guten Grund zu der Annahme, daß der frisch ernannte »Gouverneur« sich sehr bald auf die Reise nach Norden machte, um die erhofften Gewinne einzutreiben. Im folgenden Jahr schreibt nämlich der venezianische Gesandte in Lissabon, Pietro Pasquellagio, an den Stadtrat von Venedig, der König von Portugal habe ein Schiff in das Land geschickt, das an Antilia grenzt – Antilia aber ist der Name, mit dem die Kolonialherren die Küste zwischen Cape Cod und Virginia belegt hatten. Dort sollten sie Bäume für den Schiffbau und Sklaven holen.

Pasquellagio berichtet weiter, daß drei Schiffe losfuhren und auf Neufundland eine Art Faktorei gründeten. Hier wartete das eine Schiff, während die beiden anderen in entgegengesetzten Richtungen davonfuhren. Das Schiff, das von Gaspard Corte-Real befehligt wurde, kehrte zur verabredeten Zeit nicht zurück, das andere jedoch hatte bei seinem Eintreffen fünfzig Sklaven an Bord. »Es handelte sich um kräftige Männer, die vom Aussehen her an Zigeuner erinnerten«, schrieb Pasquellagio und fügte hinzu: »Als nächstes sollen weitere Schiffe ausgerüstet werden, um aus jenen Gegenden noch mehr Holz und größere Mengen an Sklaven herbeizuschaffen.«

Kåre Prytz meint, diese Sklaven könnten von Grönland geholt worden sein. Er stützt sich auf mehrere Karten aus dem 16. Jahrhundert, auf denen Grönland als *Terra Laboratoris* aufgeführt ist – als Landarbeiterland –, sowie auf ein modernes portugiesisches Geschichtswerk, das *Dicçionário dà História do Portugal*. Das in diesem Buch enthaltene Kapitel über die Sippe der Corte-Real ist mit einer Karte der Labradorküste illustriert. Auf dieser Karte sehen wir Landarbeiter mit

Ochsenpflügen. Prytz kommt zu dem Schluß, daß die letzten nordischen Siedler wohl ihr Leben »auf portugiesischen Gütern hinter Ochsenpflügen beendet haben, nach einer letzten Reise, die sie gefesselt und mißhandelt im Laderaum der Seeräuberkaravellen verbringen mußten.«

Thor Heyerdahl und Per Lilliestrøm gehen ebenfalls von der erwähnten Abmachung zwischen Portugal und Spanien aus, wenn sie ihre Sklaventheorien vorlegen. Sie weisen daraufhin, daß sich auf der sogenannten Cantino-Karte – der einzigen zeitgenössischen Karte, auf der die spanisch-portugiesische Trennlinie aus dem Jahre 1494 eingezeichnet ist – an der grönländischen Südküste zwei portugiesische Flaggen befinden. Eine Karte ist neben der grönländischen Südspitze angebracht, die andere ein Stück die Ostküste hoch. Und das gilt Heyerdahl und Lilliestrøm als Beweis dafür, daß Grönland damals als »neuentdecktes Land« galt und damit vertragsgemäß Portugal zufiel, eine absolut notwendige Voraussetzung für die Theorie, daß die Grönländer in die portugiesische Sklaverei verschleppt worden seien.

Heyerdahl und Lilliestrøm haben ihre Flaggentheorie bereits 1995 vorgelegt, was ihnen sofort den Widerspruch Helge Ingstads eintrug. Er schreibt in der norwegischen Zeitung *Aftenposten,* die Flaggen seien keinerlei Beweis für portugiesische Sklavenjagden auf Grönland, und für die portugiesischen Flaggen auf der Cantino-Karte gebe es eine schlichte Erklärung: »Damals war es absolut normal, abgesegelte Küstenstrecken mit Flaggen der Nationen zu markieren, die diese Reisen unternommen hatten.«

127

Aber ist es deshalb ausgeschlossen, daß Seeräuber und Sklavenhändler Grönland heimgesucht haben? Nein, erwidern Keller und McGovern. »Wir können die Möglichkeit, daß es auf Grönland Sklavenjagden gegeben hat, nicht kategorisch ablehnen, doch wenn solche Jagden für das Verschwinden der Bevölkerung von Bedeutung gewesen sein sollen, dann müssen sie sich zugetragen haben, als ein wesentlicher Teil dieser Bevölkerung noch am Leben war – also lange, bevor Papst Alexander 1492 seinen Brief schrieb.«

Früher wurde angenommen, daß es auf Grönland über fünfhundert Jahre hinweg nordische Siedlungen gegeben habe. Inzwischen hat die Forschung jedoch nachgewiesen, daß das nicht zutrifft. Bereits 1340 fiel den Einwohnern der Ostsiedlung auf, daß die Nachbarn aus der weiter nördlich gelegenen Westsiedlung verschwunden waren. Sie schrieben dieses Verschwinden den Inuit zu und Ivar Bårdssohn, der als Geistlicher den Bischofssitz Gardar betreute, rief so viele Männer wie möglich zusammen und machte sich auf den Weg, um die Skrälinger zu verjagen. Doch sie konnten keine Inuit finden. Die Gehöfte – und es kann sich dabei um nicht weniger als neunzig gehandelt haben – waren verlassen. Die Männer sahen Kühe, Ziegen, Schafe und Pferde, die friedlich auf den Wiesen grasten, von der Bevölkerung jedoch fanden sie keine Spur, weder Leichen noch andere Zeugnisse für das, was hier geschehen sein mochte.

In ihrem Buch *Mot en verdens ytterste grense* (»Der äußersten Weltgrenze entgegen«) schreibt Vera Henriksen, diese Quelle könne »wie andere Quellen darauf hinweisen, daß die Bevölkerung der Westsiedlung ihren Wohnort verlassen hatte, ohne jedoch in der Ost-siedlung Zuflucht zu suchen, denn das hätte Ivar Bårdssohn ja schließlich gewußt.«

Keller und McGovern nehmen an, daß die Entvölkerung Grönlands bereits um das Jahr 1300 einsetzte. Die letzten bei Bohrungen im Binnenlandeis erstellten Klimakurven zeigen, daß sich das Klima damals um einiges verschlechterte und daß die Kälte vor allem in der nördlich gelegenen Westsiedlung zu einer dramatischen Verschlechterung der Lebensbedingungen geführt haben muß. Als Ivar Bårdssohn 1340 dort eintraf, hatte die Siedlung bereits mehrere Kälteperioden hinter sich. 1997 schreiben die beiden Archäologen in einem Zeitungsartikel:

»Die Kälte zerstörte die Ernährungsgrundlage der Bevölkerung, die, das wissen wir durch Ausgrabungen und andere Untersuchungen, aus einer Mischung von Viehzucht und Jagd bestand. Untersuchungen der Gehöfte in der Westsiedlung weisen daraufhin, daß die Entvölkerung dieser Siedlung mit ihren acht- bis neunhundert Einwohnern nach mehreren Krisenjahren als Folge von Mißernten und Niedergang im Viehbestand einsetzte. Vermutlich sahen sie sich zum Schlachten ihrer Haustiere gezwungen. Auch die Meeressäugetiere können als Folge der veränderten Eisverhältnisse ihre Aufenthaltsorte gewechselt haben.«

Wir können nicht so genau feststellen, wann die Ost-siedlung aufgegeben worden ist, da diese Siedlung viel größer war als die Westsiedlung. Keller und McGovern gehen jedoch davon aus, daß sie nicht länger als bis etwa 1450 bewohnt war, wobei etliche Gehöfte schon vorher aufgegeben wurden:

»Pollenanalysen, die die Veränderungen der Vegetation über größere Zeiträume hinweg zeigen, haben ergeben, daß die Gegend in der Zeit der nordischen Besiedlung von Gras- und Weidepflanzen geprägt war. Die Siedler erzeugten dieses Vegetationsbild durch Verbrennen und Ernten von Birken und Weiden. Rinder und Schafe hielten die Landschaft durch Beweidung offen. Um die Mitte des 15. Jahrhunderts aber drangen Weiden und Birken in die Weidegebiete vor und das Gras verschwand. Was bedeuten muß, daß es in der Gegend keine grasenden Haustiere mehr gab – worauf gemeinhin die Entwicklung zu Öd- und Unland einsetzt. Wir haben kaum Grund zu der Annahme, daß die Ostsiedlung nach 1492 noch bewohnt war. Sollte das aber der Fall gewesen sein, dann kann es sich nur noch um wenige Überlebende gehandelt haben.«

Das kältere Klima auf Grönland ist vermutlich nur eine der Ursachen für das Verschwinden der nordischen Siedler. Die Inuit, die sich zum Jahrtausendwechsel noch im hohen Norden aufgehalten hatten, wanderten immer weiter nach Süden, weshalb es zu Streitigkeiten um die Rohstoffe gekommen sein kann. Es gibt viele Berichte über Zusammenstöße zwischen den beiden Völkern, unter anderem in der *Historia Norvegiae,* in der Norwegens Geschichte seit dem Jahr 1000 dargestellt wird. Hier heißt es: »Hinter den (nordischen) Siedlungen und weiter gen Norden hin stießen die Jäger auf kleine Männer, die Skrälinger genannt wurden. Wenn sie verletzt wurden und nicht an ihren Verletzungen starben, wurden ihre Wunden weiß und bluteten nicht. Aber wenn sie tödlich verwundet worden waren, wollten die Blutströme fast kein Ende nehmen. Sie kannten die Verarbeitung von Eisen nicht, sondern nutzten Walroßzähne als Wurfwaffen und scharfe Steine als Messer.«

Daß die Beziehungen zwischen Inuit und nordischen Siedlern nicht immer die pure Idylle waren, geht auch aus einer Notiz aus dem Jahre 1379 hervor, die wir in zwei isländischen Chroniken finden: »Die Skrälinger griffen die Grönländer an und töteten achtzehn Männer. Zwei Knaben wurden gefangen und zu Leibeigenen gemacht.«

Zu diesem Zeitpunkt war der Schiffsverkehr mit Grönland mehr oder weniger zum Erliegen gekommen. Vermutlich war vor allem der Schwarze Tod, die Pest, daran schuld, es ist aber auch denkbar, daß die Grönländer einfach nichts mehr zu verkaufen hatten. Und wenn sie nichts zu verkaufen hatten, dann konnten sie auch nichts kaufen. Auf jeden Fall gerieten die beiden Siedlungen langsam aber sicher in die Isolation. Obwohl die Grönländer nicht vom Import abhängig waren, muß das ihr Leben in einer ohnehin schon harten Zeit noch schwieriger gemacht haben.

Möglicherweise hat die Pest, die um die Mitte des 14. Jahrhunderts über Norwegen hereinbrach, auch Grönland erreicht, doch bisher läßt sich nur anhand eines grönländischen Grabes nachweisen, daß auf Grönland ansteckende Krankheiten im Umlauf waren. In diesem Grab sind ein Mann und eine Frau zusammen mit zwei Kindern beigesetzt, vermutlich handelt es sich um Eltern und Kinder. Doch bisher gibt es weder archäologische noch schriftliche Beweise für die Annahme, die Pest habe die nordischen Siedlungen zerstört.

Vermutlich ist das Verschwinden der Grönländer nicht nur auf einen einzigen Grund zurückzuführen. Keller und McGovern sehen, wie die meisten Forscher, die sich in jüngerer Zeit mit den nordischen Siedlungen auf Grönland beschäftigt haben, einen umfangreicheren Ursachenkomplex: »Wir gehen davon aus, daß eine Kombination von klimatischen und menschlichen Faktoren für diese Gesellschaft am Rande des mittelalterlichen Europas das Aus bedeutet hat.«

Aber noch immer bleibt das Rätsel ungelöst, noch immer ist die Frage unbeantwortet, was aus den Grönländern geworden ist. Sind sie ausgestorben? Oder haben sie aufgegeben und die Insel verlassen? Wenn sie auf Island oder in Norwegen Zuflucht gesucht hätten, dann wäre uns das bekannt. Aber es gibt noch eine weitere Möglichkeit: Sie haben ihr Hab und Gut zusammengepackt und sind zu dem Land gesegelt, das Leif Eirikssohn auf der anderen Seite der Davis-Straße entdeckt hatte.

# Amerikas weiße Indianer

Die Leifsbuden von L'Anse aux Meadows liefern als einziger archäologischer Fund den Beweis dafür, daß sich vor tausend Jahren in Amerika Menschen aus Nordeuropa aufgehalten haben. Doch es kann außer den in den Sagas erwähnten ja noch weitere Expeditionen nach Vinland gegeben haben. Manche Forscher vertreten die Ansicht, daß die nordischen Grönländer in den folgenden Jahren immer wieder die Davis-Straße überquert haben, um sich an den Naturschätzen des jenseitigen Ufers zu bedienen. Andere gehen davon aus, daß kleine Gruppen von Grönländern sich in Nordamerika niedergelassen und das neue Land in westlicher und südlicher Richtung besiedelt haben.

Solche Theorien werden von mehreren schriftlichen Quellen gestützt. 1965 veröffentlichte die Yale University Press das Buch *The Vindland Map and the Tartar Relation,* in dem unter anderem eine Weltkarte aus der Mitte des 15. Jahrhunderts abgebildet ist. Die Forscher staunten nicht schlecht, als sie entdeckten, daß Vinland als westlich von Grönland und Island gelegene Insel eingezeichnet ist. Die Karte weist außerdem einen lateinischen Text auf, der genau über diesen Inseln steht:

»Wie es Gott gefiel, so entdeckten nach einer langen Reise von der Insel Grönland gen Süden über den fernsten und letzten Teil des westlichen Ozeans die Genossen Bjarni und Leif Eirikssohn ein überaus fruchtbares neues Land, wo sogar Weinranken wuchsen, und diese Insel benannten sie Vinland. Henricus, der Gesandte des Heiligen Stuhls und der Bischof von Grönland und der umliegenden Gebiete, suchte im Namen des allmächtigen Gottes während des letzten Lebensjahres unseres gebenedeiten Vaters Pascal dieses überaus reiche und große Land auf. Er verweilte dort lange, im Sommer wie im Winter, und reiste dann später in nordöstlicher Richtung nach Grönland und zog auf diese Weise weiter, in demütigem Gehorsam seinen Vorgesetzten gegenüber.«

In unserem Zusammenhang interessant ist der letzte Teil des Textes. Der Mann, der darin »Henricus« genannt wird, war der Bischof Eirik Henricus oder Eirik Uppsi Gnubssohn, wie sein weltlicher Name lautete. Den isländischen Chroniken nach machte er sich 1121 auf den Weg nach Vinland.

Aber warum trat er diese Reise an? Und was wurde dann aus ihm?

Helge Ingstad beantwortet in *Oppdagelsen av det nye land* diese Fragen so: »Er muß vorgehabt haben, eine Gruppe von nordischen Auswanderern aufzusuchen, von deren Aufenthalt in Vinland er wußte, um bei ihnen seelsorgerisch tätig zu werden. Wir können kaum annehmen, daß Bischof Eirik aus Lust und Laune ein so unsicheres Ziel wie die Missionierung von Eingeborenen in der Neuen Welt verfolgt hätte. Zudem gab es Eingeborene im Norden der nordischen Siedlungen auf Grönland, und es wäre leichter gewesen, bei diesen Bekehrungsversuche zu unternehmen.«

Ingstad betont, daß die Fahrwege nach Vinland bekannt waren und daß wir annehmen können, daß nordische Grönländer ab und zu westwärts in die neue Welt gesegelt sind, um auf Jagd zu gehen und um aus den großen Wäldern von Labrador und Grönland Material für den Schiffbau zu holen. Er fügt hinzu: »Wir dürfen außerdem die Möglichkeit nicht außer acht lassen, daß sich Gruppen von nordischen Siedlern dort auch für längere Zeit niedergelassen haben.«

Es gibt eine Vielzahl von Geschichten über »weiße Menschen« oder »weiße Indianer«, die bereits vor Kolumbus in Amerika gelebt haben sollen, und es fällt schwer, die Mythen von Berichten zu trennen, die uns wirklich auf die Spur einer neuen historischen Erkenntnis führen können. In welche Kategorie gehört beispielsweise die Sage von *Quetzalcoatl*, der »gefiederten Schlange«? Bisweilen wird sie als Missionar aus Nordeuropa identifiziert, manchmal sogar als Eirik Henricus selber.

*Quetzalcoatl* war die wichtigste und allgegenwärtige Göttergestalt in Mexiko während der Jahrhunderte, die zwischen den Reisen des Leif Eirikssohn und des Christoph Kolumbus lagen. Er hatte eine helle Haut und einen üppigen Bart – was unter den Indianern mit ihrem mageren Bartwuchs die absolute Seltenheit darstellte –, und angeblich hat er die Zivilisation nach Mittelamerika gebracht. Wir wissen nicht, woher er stammte, ein mexikanischer Lobgesang jedenfalls hat folgenden Wortlaut:

> *Über das Wasser in Schiffen kamen zahlreiche*
> *Stämme,*
> *sie kamen zur Küste, zur Küste im Norden,*
> *und der Ort, wo ihre Schiffe Anker warfen,*
> *hieß Panutla (»wo über das Wasser gereist wird«),*
> *und wird heute Pantla genannt.*
> *Dann folgten sie der Küste,*
> *sie sahen die Berge, vor allem die Sierra Nevada*
> *und den Vulkan (= Popocatepetl),*
> *und sie folgten der Küste weiter, bis sie nach*
> *Guatemala gelangten,*
> *danach erreichten sie den Ort,*
> *der Tamoanchan genannt wird (»Wir suchen*
> *unsere Heimat«),*
> *und dort hielten sie sich lange auf.*

Über die Herkunft des *Quetzalcoatl* und seines Volkes sind viele Spekulationen angestellt worden. Eine davon deutet das Schiff, mit dem *Quetzalcoatl* unterwegs war, als Wikingerschiff. Der Steven soll geformt gewesen sein wie ein Schlangenkopf, der Rumpf gebaut wie »das Gefieder der Vögel«, also wie ein Langschiff, dessen Bretter einander überlappen und miteinander vernietet sind. Außerdem soll der große Gott das Evangelium der Liebe und der Barmherzigkeit verkündet und die Indianer aufgefordert haben, ihre Menschenopfer einzustellen. Diese Information wird dahingehend gedeutet, daß er Christ und vielleicht sogar ein Geistlicher war.

*Quetzalcoatl* war lange der mächtigste König von allen, dann aber wurde er gestürzt und verschwand über
das Meer in Richtung Osten. Einer Weissagung zufolge
wird er auf demselben Weg zurückkehren und sein
verlorenes Reich zurückerobern. Diese Prophezeiung
öffnete dem spanischen Entdecker Hernán Cortés, der
zu Beginn des 16. Jahrhunderts eine Expedition zur
Eroberung Mexikos ausrüstete, dann Tür und Tor. Cortés, ein hellhäutiger, bärtiger Mann, wurde zu seiner
Überraschung wie ein König empfangen, als er am
Tabasco-Fluß an Land ging. Die Indianer unterwarfen
sich ihm bereitwillig, denn sie glaubten, die Weissagung habe sich erfüllt, und der große Gott *Quetzalcoatl*
sei zu ihnen zurückgekehrt.

Noch immer wird bisweilen die Ansicht vertreten,
bei *Quetzalcoatl* habe es sich um eine historische Person gehandelt. Diese Ansicht fußt unter anderem auf
dem Bericht *Relación de las Cosas de Yucatán* (»Bericht
über die Angelegenheiten von Yucatán«), den der spa-
nische Missionar Diego de Landa im Jahre 1566 zu Papier brachte: »... außerdem muß ich noch berichten,
was mir ein Indianerhäuptling erzählt hat – ein Mann
von großem Verstand, der unter der Bevölkerung hohe
Achtung genießt. Als ich eines Tages mit ihm sprach,
fragte ich, ob er je von unserem Herrn Jesus Christus
oder vom Kreuz gehört habe. Er sagte, seine Ahnen
hätten nichts über Christus oder das Kreuz berichtet –
nur einmal hätten einige seiner Leute ein an der Küste
gelegenes kleines Haus abgerissen. In diesem Haus befanden sich einige Gräber, und auf den Leichnamen
oder Gebeinen lagen einige kleine Metallkreuze. Danach hatten sie erst wieder ein Kreuz gesehen, als die

Missionare eintrafen und sie sahen, daß das Kreuz angebetet und verehrt wurde. Sie gingen deshalb davon aus, daß auch diese Toten das Kreuz verehrt hätten.«

Wir werden vermutlich niemals erfahren, ob es sich bei *Quetzalcoatl* um einen Menschen oder um eine Sagengestalt gehandelt hat, aber noch immer stellen viele sich die Frage: Wie konnten sich die mittelamerikanischen Indianer einen Mann nach westlichem Bilde erschaffen? Und wie war es möglich, daß die alten Indianer einen Gott verehrten, der äußerlich große Ähnlichkeit mit Jesus Christus hatte, dem Erlöser von jenseits des Ozeans? *Quetzalcoatl* war nicht nur weißhäutig und bärtig wie Christus, sondern wurde ebenfalls aus seinem »Königreich« vertrieben und hinterließ das Versprechen, eines Tages zurückzukehren.

Es gibt noch andere und glaubwürdigere Quellen als die Berichte über *Quetzalcoatl*, in denen von Expeditionen in das neue Land im Westen die Rede ist, lange ehe Kolumbus 1492 »Amerika« entdeckte. Der Franzose Philippe de Mezières, der König Petros von Zypern und Jerusalem als Kanzler diente, besuchte zwischen 1360 und 1370 zweimal Nordeuropa. In seinem Buch *Le songe du vieil pélérin* (»Der Traum des alten Pilgers«) schreibt er, daß der eine der dortigen Könige, der von Norwegen nämlich, ein gewaltiges Reich besessen habe, und eine Insel im Meer habe einen Teil davon ausgemacht. Diese Insel habe so weit von Norwegen gelegen und sogar noch hinter »Godeland«, worunter wohl Grönland zu verstehen ist, daß »Schiffe, die er dorthin entsandte, um von seinen Untergebenen Steuern einzutreiben, für die Fahrt hin und zurück drei Jahre brauchten.«

Als die Europäer im 16. Jahrhundert mit der Erforschung des nordamerikanischen Kontinents begannen, liefen mehrere Berichte ein, aus denen wir den Eindruck gewinnen können, daß die Vinlandfahrten nicht mit den Expeditionen von Thorfinn Karlsefni und Freydis Eirikstochter endeten. Es sind außerdem Dokumente erhalten, die recht deutlich auf das Bestehen von nordischen Kolonien hinweisen, die offenbar in friedlicher Ko-Existenz mit den Indianern lebten.

Der Norden des amerikanischen Kontinents wurde zuerst von französischen Missionaren erforscht. Im 18. Jahrhundert beschrieb der französische Historiker Pierre François Xavier de Charlevoix diese Expeditionen und berichtet, die Missionare seien Menschen mit ausgeprägtem europäischen Aussehen begegnet: Menschen mit langen Bärten und blonden Haaren.

Diese Information paßt zu Auskünften, die im Jahr 1891 bei einem internationalen katholischen wissenschaftlichen Kongreß vorgelegt wurden. Dort berichtete der Kirchenhistoriker Dr. Jelic, die Missionare hätten die Bevölkerung in der Umgebung von New Brunswick als »Kreuzträger« bezeichnet, weil das Kreuz ihnen als religiöses Symbol gegolten habe. Er behauptete außerdem, daß dort bereits im Jahre 1530 christliche Messen nach europäischem Vorbild gelesen worden seien.

Charlevoux und Jelic sind nicht die einzigen, bei denen wir solche alten Hinweise auf »weiße Indianer« finden können. In seinem Buch *Histoire de la Nouvelle France* (»Die Geschichte des neuen Frankreichs«) berichtet der französische Schriftsteller und Historiker Marc Lescarbot von einer Reise, die er im Jahre 1606 in den Teil Amerikas unternommen hat, den wir heute als

Maine kennen. Er schreibt, daß ihm und seinen Reisegefährten Eingeborene begegneten, die ihnen ein rhythmisches Lied vortrugen. Die Franzosen konnten den Text nicht verstehen, schrieben den Refrain aber nach dem Gehör auf. Er bestand nur aus drei Wörtern. Der französische Sprachforscher Eugène Beauvois hat diese drei Wörter untersucht und deutet sie als die altisländische Wortfolge *æfiligu gatum etingu*, was ungefähr bedeutet »reichlich ist uns zu essen gegeben«.

Es ist nicht unvorstellbar, daß die Wikinger der amerikanischen Atlantikküste nach Süden gefolgt oder daß sie auf Flüssen und Binnenseen weiter nach Westen ins Landesinnere gesegelt sind. Aber wie weit können sie dabei gekommen sein? Manche behaupten, sogar bis in den Mittleren Westen und verweisen dann auf einen Runenstein, der in der Nähe der Kleinstadt Kensington in Minnesota gefunden worden ist.

Die Geschichte des Kensington-Steins[6] beginnt im Jahre 1898. Damals fand der schwedisch-amerikanische Bauer Olof Ohman beim Entfernen eines Baumstumpfes einen seltsamen Stein. In den Stein waren unbegreifliche Zeichen eingeritzt, die zuerst für griechische Buchstaben gehalten wurden. Doch das war ein Irrtum – es handelte sich um Runen. Und damit nicht genug, diese Runen erzählten noch dazu eine Geschichte, die fast zu schön war, um wahr zu sein:

*Acht Gotländer und zweiundzwanzig Norweger auf Entdeckungsreise von Vinland nach Westen. Wir hatten ein Lager bei zwei Schären, eine Tagesreise von diesem Stein entfernt. An einem Tag wa-*

*ren wir fischen. Bei unserer Rückkehr lagen zehn*
*von uns tot in ihrem Blut. AVM (*vermutlich: Ave
Virgo Maria, gegrüßet seist du, Jungfrau Maria) *er-*
*löse uns von diesem Übel. Wir haben zehn Mann*
*am Meer, die sich um unsere Schiffe kümmern,*
*vierzehn Tagereisen von dieser Insel entfernt.*
*Jahr 1362*

Der Fund erregte Aufsehen, und die skandinavisch-
amerikanische Bevölkerung im Mittleren Westen nahm
den Runenstein als Beweis dafür, daß in den Jahren
nach den Vinlandfahrten große Teile Nordameri-
kas von Skandinaviern erforscht worden seien. Doch
nicht alle teilten diese Ansicht. Zwei der bedeutend-
sten Runenforscher des Mittleren Westens ließen
sich die Inschrift vorlegen und erklärten sie als Fälschung. Olaus J. Breda, ein runenkundiger Sprachwissenschaftler, erklärte, wer immer diese Runen geritzt
habe, vermische Zeichen aus verschiedenen Gebie-
ten und Epochen miteinander. George O. Curme, Historiker an der Northwestern University in Chicago,
teilte dieses Urteil.

Später stellte sich heraus, daß bei der Abschrift des
Textes allerlei Fehler gemacht und daß sogar zwei
Wörter vergessen worden waren. Diese fehlerhafte Abschrift wurde weiteren Runenforschern vorgelegt, die
zum selben Schluß kamen, unter anderem, weil mehrere Runen sich vom gebräuchlichen Runenalphabet
unterschieden.

Olof Ohman war damit als Lügner und Betrüger abgestempelt. Er beteiligte sich nie an der Diskussion
über die Echtheit der Inschrift, behauptete jedoch bis

an sein Lebensende, die Wahrheit über seinen Fund erzählt zu haben.

Heutzutage ist dem Kensington-Stein in der Stadt Alexandria in Minnesota ein eigenes Museum gewidmet, und noch immer sind viele von der Echtheit der Inschrift überzeugt. Der amerikanische Sprachwissenschaftler Robert A. Hall jr. hat den Text mehr als drei Jahrzehnte hindurch studiert und mehrere Bücher zum Thema veröffentlicht. Hall vertritt die Ansicht, daß Ohman unmöglich die Runen in den Stein geritzt haben könnte, da dieser schwedische Bauer über keinerlei Runenkenntnisse verfügte. Er hatte in Forsa in Hälsingland nur sechs Jahre die Volksschule besucht, und schrieb, so Hall, Schwedisch so schlecht, daß er heutzutage schon fast als Analphabet eingestuft werden würde. Er besaß nur ein einziges Buch, und zwar das Nachschlagewerk *Den kunnskapsrike Skolmästaren* (»Der kenntnisreiche Schulmeister«) von Karl Rosander.

Doch Hall ist nicht der Einzige, der den Runentext und die Umstände studiert hat, unter denen der Kensington-Stein gefunden wurde. Theodore C. Blegen, Professor für Geschichte an der University of Minnesota, kam zum gegenteiligen Ergebnis. In seinem Buch *The Kensington Rune Stone. New Light on an Old Riddle* behauptet er, Ohman sei durchaus nicht so ungebildet gewesen, wie viele behaupten. Er sei zwar ein Bauer ohne große formale Ausbildung gewesen, dennoch aber belesener als das Gros der skandinavisch-amerikanischen Einwanderer. Seine Freunde schilderten ihn als »wunderliches Genie«, das wenig sagte, dafür aber um so mehr nachdachte. Es gibt jedoch keinerlei

Hinweis darauf, daß Ohman genug über Runenschrift gewußt haben kann, um den Text auf dem von ihm gefundenen Stein zu verfassen. Andere Schweden, die sich in derselben Gegend niedergelassen hatten, wären dazu jedoch imstande gewesen, Sven Fogelblad zum Beispiel, Wanderschullehrer und ehemaliger Geistlicher, der mit Ohman befreundet war. Fogelbald war ein bekannter Zechbruder und Witzbold, und Theodore C. Blegen hält ihn für das Gehirn hinter dem mutmaßlichen Schwindel.

Doch Blegen weist gleichzeitig darauf hin, daß er es zwar für wahrscheinlich hält, daß es sich beim Kensington-Stein um eine Fälschung handelt, daß wir jedoch nichts beweisen können.

Angenommen aber, die Runeninschrift sei echt, wie könnten wir dann die darin enthaltene Mitteilung deuten? Diese Frage haben sich Geschichtsforschung, Archäologie, Sprachwissenschaft und Runologie gestellt, seit der Stein vor mehr als einem Jahrhundert in Kensington ausgegraben worden ist. Der Stein wurde auf keiner Insel gefunden, worauf der Text doch hinzuweisen scheint, und es dauerte um einiges mehr als vierzehn Tagereisen, um von der amerikanischen Ostküste oder der Hudson Bay ins heutige Minnesota zu gelangen. Die Tatsache, daß Runentext und geographische Wirklichkeit einander so wenig zu entsprechen scheinen, ist durchaus von denen, die den Stein für eine Fälschung halten, als Argument angeführt worden. Die Gegenseite dagegen sieht eben die Tatsache, daß die Reisebeschreibung nicht zu stimmen scheint, als Beweis für die Echtheit an. Denn jemand, der in Minnesota einen Runenstein fälschen will, wäre doch wohl nicht dumm genug, mitten auf der amerikanischen Prairie Schiffe und Meer zu erwähnen?

Es ist auch behauptet worden, die Runen seien an einem ganz anderen Ort in den Stein eingeritzt worden, worauf der Stein quer über den amerikanischen Kontinent nach Minnesota geschafft worden sei. Natürlich könnte das in neuerer Zeit mit modernen Kommunikationsmitteln geschehen sein, doch im 14. Jahrhundert hätte wohl kaum irgendwer freiwillig einen zentnerschweren Stein über weite Strecken mit sich herumgeschleppt. Andererseits: wenn die Runen im 19. Jahrhundert in den Stein eingeritzt worden sind, dann hätte es doch keinen Sinn gehabt, den Stein nach Minnesota zu schaffen, wo die Inschrift sofort den Verdacht erwecken mußte, es könne sich um eine Fälschung handeln?

Auf diese Weise wogt seit über einem Jahrhundert die Diskussion hin und her, und noch immer läßt sich die Echtheit der Inschrift nicht beweisen. Die meisten, die sich mit der Frage beschäftigt haben, halten sie für eine Fälschung, doch es gibt weiterhin die Gegenseite, denen der Kensington-Stein als einzigartiges Dokument für die nordische Erforschung Amerikas im Spätmittelalter gilt. Kåre Prytz will diese Möglichkeit nicht außer acht lassen. In seinem bereits erwähnten Buch weist er nach, daß eine nordische Expedition, die jeden Tag dreißig bis vierzig Kilometer zurücklegte, Kensington am Westufer des Lake Superior nach fast genau vierzehn Tagen erreicht haben könnte.

Aber was war mit den Schiffen? Im 14. Jahrhundert gab es keine Verbindung zwischen der Atlantikküste und dem Lake Superior – die entstand erst fünfhundert Jahre später durch die Anlage von Kanalsystemen. Prytz weist daraufhin, daß im Runentext von Schiffen die Rede ist, was bedeutet, daß es sich um recht kleine Fahrzeuge gehandelt haben muß, da schließlich nur dreißig Mann an der Expedition teilnahmen. Unter dieser Voraussetzung ist es natürlich vorstellbar, daß sie in kleinen Booten den St. Lorenz-Strom hinaufgepaddelt oder -gerudert sind, um dann durch die Wildnis weiterzuziehen, teilweise im Boot über die Flüsse und über die Großen Seen, teilweise zu Fuß, bis sie den Lake Superior erreichten.

Verhältnismäßig leicht zu erklären ist die Beschreibung des Lagers »bei zwei Inseln, eine Tagesreise von diesem Stein entfernt«. Minnesota gilt als das »Land der tausend Seen«, weshalb eine Tagesreise von Kensington entfernt wirklich kein Mangel an Seen mit Inseln jeglicher Größe besteht.

Bleibt also die Beschreibung, die der Runentext über die Fundstätte des Steines liefert: »Vierzehn Tagereisen von *dieser* Insel entfernt.« Olof Ohmans Hof lag nicht auf einer Insel, und es besteht kein Grund zu der Annahme, daß die Gegend im 14. Jahrhundert, als die nordische Expedition dort eintraf, von Wasser umgeben war. Doch Kåre Prytz hat auch hier eine mögliche Erklärung anzubieten: »Die Bezeichnung ›Insel‹ wurde damals konsequent auf alle Landgebiete in Amerika angewandt ...«

Beim Kensington-Stein handelt es sich nur um einen von vielen Runenfunden, die in den vergangenen zwei Jahrhunderten in Amerika gemacht worden sind, doch die meisten ließen sich rasch als Schwindel entlarven. Einer der Funde allerdings stellt noch heute ein ungelöstes Rätsel dar: 1971 wurden am Strand vor Popham Beach in Maine drei flache kleine Steine entdeckt. In diese Steine waren Runen und naivistische Zeichnungen eingeritzt – unter anderem ein Menschenkopf, ein Fisch, ein Vogel und etwas, das Ähnlichkeit mit einem Rentier hat. Außerdem fand sich eine Karte der nahegelegenen Küstenlinie.

Die Steine wurden Sachverständigen der Maine State University vorgelegt, die zu dem Schluß kamen, daß der Runentext einen Schiffbruch beschrieb, bei dem siebzehn Mann ums Leben gekommen seien. Ursache des Schiffbruches sei eine »Seeschlange«, die die Schiffsbretter durchbohrt habe. In seinem Buch *Ingen Grenser* spricht Per Lilliestrøm sich für die Echtheit des Textes aus: »... er ist so kompliziert, daß ich ihn allein deshalb schon für echt halte. Vor allem, weil er mehrere Runen enthält, die sich im normalen Runenalphabet nicht finden.«

Vera Henriksen ist da anderer Ansicht. Sie weist daraufhin, daß ein Teil des Runentextes folgendermaßen gedeutet worden ist: »Hóp Vinland 1011 zwei Tage bis Kanada reiches Land.«

Wenn diese Deutung zutrifft, und der Name Kanada in diesem Text wirklich erwähnt wird, dann können wir uns Vera Henriksens Schlußfolgerung nur anschließen: »Ein Kommentar ist hier ja wohl überflüssig.«

Doch der Runenstein aus Kensington und die flachen Steine aus Maine sind nicht die einzigen handfesten »Beweise«, die angeführt werden, um zu beweisen, daß Amerika im Mittelalter von Menschen aus den nordischen Ländern erforscht worden ist. In Newport in Rhode Island steht ein dreistöckiges Gebäude, das Ähnlichkeit mit einem Festungsturm aufweist. Dieser Turm, der fast acht Meter hoch ist und sehr dicke Steinmauern hat, steht auf acht Säulen, die durch Rundbögen verbunden sind. Allgemein gilt die Auffassung, der Turm sei erstmals im Jahre 1677 in einem Testament erwähnt worden, das Benedict Arnold, der Gouverneur von Rhode Island, ein Jahr vor seinem Tod verfaßt habe. Er bezeichnete ihn darin als: »meine steinerne Windmühle«. Doch Kåre Prytz hat eine ältere schriftliche Quelle aufgetan: 1630 schrieb der englische Kolonialherr Sir Edwin Plowden in einem an König Karl I. von England gerichteten Brief, in diesem »öden« Gelände solle eine Kolonie gegründet werden. Sir Edwin teilt auch mit, wie er diese Kolonie schützen würde: »Dann müßten dreißig ledige Männer wie Soldaten oder Herren in dem runden Steinthurme wohnen und der Reihe nach mit den Eingeborenen verhandeln.«

König Karl war möglicherweise angetan von dieser Idee. Auf jeden Fall kehrte Sir Edwin im Jahre 1637 an der Spitze der ersten Kolonisten nach Newport zurück. Prytz berichtet, die Siedler hätten die Indianer nach den Erbauern des steinernen Turms gefragt, hätten aber keine Antwort erhalten.

Es gibt viele Theorien, die sich mit dem Ursprung des Newport-Turmes befassen, und auch hier hat sich die skandinavisch-amerikanische Bevölkerung der USA energisch an den Debatten beteiligt. Die einen halten den Turm für ein altnordisches Taufhaus oder eine Rundkirche aus dem 11. oder 12. Jahrhundert. Andere nehmen an, daß er den Wikingern als Ausguckposten gedient hat, um Ausschau nach anderen nordischen Seefahrern zu halten, die an der amerikanischen Ostküste entlangsegelten.

Erst gegen 1950 erwachte bei den amerikanischen Archäologen das Interesse am Newport-Turm. Sie buddelten sich bis zum Fundament des Turmes vor und fanden dort unter anderem kleine Überreste einer Kreidepfeife, Nägel, Feuerstein von einer Waffe und Glasreste, von Dingen also, die in Amerika vor der Kolonialzeit nicht vorhanden waren. Doch wir wissen noch immer nicht, wer dieses seltsame Bauwerk errichtet haben mag. Wir wissen auch nicht, wann es erbaut wurde und welchem Zweck es dienen sollte.

Bei einem anderen archäologischen Fund herrschen keine Zweifel an der Echtheit – und zwar bei der Münze, die 1957 in der Nähe von Naskeag Point in Maine ausgegraben wurde. Zwei Amateurarchäologen fanden sie, als sie eine alte indianische Wohnstätte ausgraben wollten. Die Münze war abgenutzt, und die Fachleute hielten sie erst für eine englische Prägung aus dem 12. Jahrhundert. Die genauere Untersuchung ergab dann jedoch mit großer Sicherheit, daß die Münze aus Norwegen und aus der Regierungszeit Olav Kyrres stammte, der von 1065 bis 1080 herrschte. Natürlich können nordische Siedler die Münze während der Kolonialzeit nach Amerika gebracht haben, obwohl es seltsam anmuten mag, daß eine schon längst nicht mehr gängige Münze bei den Indianern in einem Gebiet gelandet sein soll, das von Einwanderern aus Mitteleuropa dominiert wurde.

Kåre Prytz vertritt eine andere Theorie. Er setzt diesen Fund in Zusammenhang mit der Tatsache, daß fast alle europäischen Karten des Mittelalters das heutige

Bangor am Penobscot River als »Hauptstadt« des nordischen Amerika angeben, und daß diese Stadt nur einen Katzensprung von der Fundstätte der Münze entfernt liegt.

Gerade die alten Karten aber liefern die sichersten Hinweise auf die Existenz von nordischen Siedlungen im Nordamerika des Mittelalters. Als Gaspard Corte-Real zu Beginn des 16. Jahrhunderts zum ersten Mal in Amerika eintraf, bezeichnete er Neufundland und Labrador als »Noruega«. Auf späteren Karten erscheint das gesamte Gebiet zwischen Neu-England und Labrador als *Noruembega* oder *Norembège* in verschiedenen Schreibweisen, wobei es sich sicher um Varianten in den unterschiedlichen romanischen Sprachen handelt.

Es gibt viele Belege dafür, daß Norumbega während des 16. und des 17. Jahrhunderts eine übliche Bezeichnung für diese Gebiete war. Wir finden das Wort nicht nur auf Landkarten und in Reisebeschreibungen, sondern auch in der Belletristik, zum Beispiel in John Miltons großartigem Epos »Das Verlorene Paradies« aus dem Jahre 1667. Darin ist die Rede von den Winden des hohen Nordens, die von der Küste der Samojeden und von Norumbega her wehen.

Eine der ersten Karten der amerikanischen Ostküste wurde 1516–19 von dem portugiesischen Kartographen Lopo Homem gezeichnet. Auf dieser Karte, die sich heute in der Bibliothèque Nationale in Paris befindet, erscheint Florida unter der Bezeichnung *Terra Bimenes*: »Diese Region unbekannten Ausmaßes, die an der Westküste liegt, wird auch Neue Welt genannt. Sie grenzt an das große Land Brazil und an Corte Reals Noruega und ist reich an Gold und Handelswaren.«

Homem bezieht sich hier nicht auf das Land, das wir heute als Brasilien kennen, sondern auf die damalige Ilha de Santa Cruz. Das portugiesische Wort »brasa« bedeutet »rote Glut«, und portugiesische Seefahrer nannten den nordöstlichen Teil der heutigen USA wegen des dort wachsenden roten Waldes »Brasil«. Erst später wurde dieser Name weiter nach Süden verschoben.

Als Erster unternahm der florentinische Seefahrer Giovanni da Verrazano, der im Auftrag der französischen Regierung 1524 die Küste bis hinauf nach Neufundland untersuchte, eine systematische Kartierung der nordamerikanischen Ostküste. Er war der erste Vertreter der europäischen Kolonialmächte, der in die New York Bay einsegelte, und auf der Höhe von 41° Nord finden wir ungefähr auf der Höhe des heutigen New York die Bezeichnung *Normanvilla*, nordisches oder norwegisches Land.

Das sind nur einige wenige Beispiele dafür, wie verbreitet Namen, die mit Norwegen zu tun haben, in der einleitenden Phase der Kolonisierung in Amerika waren. Die großen Geographen Ortelius und Mercator führen den Namen Norumbega darauf zurück, daß es früher in dieser Gegend nordische Kolonien gegeben haben müsse, und möglicherweise war diese Auffassung so weit verbreitet, daß darüber nicht weiter diskutiert zu werden brauchte.

Zu Beginn des 17. Jahrhunderts hielten die beiden damals mächtigsten Kolonialmächte, England und die Niederlande, regelmäßige Kolonialkonferenzen ab, bei denen Fragen von beiderseitigem Interesse behandelt wurden. Bei einer Konferenz wurde die niederländische Delegation von Hugo Grotius angeführt, der in seinem Buch *De origine gentium Americanarum* (»Über den Ursprung der amerikanischen Bevölkerung«) schreibt, das Land sei zuerst von Norwegern entdeckt und in Besitz genommen worden und heiße »Norimbega«, weil sich dort nordische Kolonien befunden hätten: »Die Mexikaner und ihre Nachbarn waren vor den Spaniern dort. Sie sagten, sie seien keine Eingeborenen, sondern aus dem Norden gekommen. Auch das Land, in dem sie sich nach dem Verlassen von Estotiland (= Labrador) zuerst niedergelassen hatten, ist nach ihrer Herkunft benannt. Es heißt nämlich Norumbega, und das ist dasselbe wie Norwega, denn dieser Laut wird von den Spaniern weicher ausgesprochen, die *b* statt *w* zu schreiben pflegen.«

Das Wissen um die nordischen Kolonien in Nordamerika hat lange überlebt, hat sich in der Geschichte aber nie so fest verwurzeln können, daß auch in neueren Zeiten noch davon die Rede gewesen wäre. Wie war das möglich? Vor allem, weil die nordischen Einwanderer nur wenige Spuren hinterließen, und weil ihre Entdeckungen für die Entwicklung des amerikanischen Kontinents kaum von Bedeutung waren, anders als die Entdeckung des Kolumbus, die zu einer Umwälzung führte, wie kein anderer Erdteil sie früher oder später jemals erlebt hat. Kolumbus verfügte über die Mittel, die er brauchte, um eine neue Welt zu kolonisieren: große Schiffe, viele Männer und nicht zuletzt Feuerwaffen. Trotzdem: er kam zu spät, um als erster Europäer in Amerika in die Geschichte einzugehen.

Leif Eirikssohn dagegen kam in gewisser Hinsicht zu früh. Er und seine Nachfolger wußten nicht einmal, daß sie einen neuen Erdteil erreicht hatten. Und sie waren den Indianern weder waffentechnisch noch auf andere Weise überlegen. Sie hatten es vielleicht aber auch gar nicht vor, neues Land zu erobern oder große Reichtümer nach Hause zu bringen. Helge Ingstad drückt das so aus: »Sie suchten einfach nach einer fruchtbaren Gegend, wo die Sippe sich niederlassen und leben konnte – eine Gegend mit gutem Weideland, mit Wald, Wild und Fischen. Und die fanden sie in Vinland.«

# Tausend Jahre später

Der Erste, der mir begegnete, als ich im Herbst 1999 in L'Anse aux Meadows eintraf, war der ehemalige Fischer Job Anderson. Er erzählte, er sei norwegischer Herkunft, doch als ich auf seinen dunklen Teint hinwies, der mir eher auf ganz andere Vorfahren hinzuweisen schien, lachte er und gab zu, daß seine Großmutter eine Inuit gewesen sei. Sie war mit Torstein Andersen verheiratet gewesen, einem Einwanderer aus Begnadalen in Valdres. Er hatte sich gegen Ende des 19. Jahrhunderts unter den Inuit in Makkovik im nördlichen Teil Labradors niedergelassen.

Für lange Zeit war das Jobs einziger Bezugspunkt, was Norwegen betraf. Zusammen mit einigen Dutzend anderer Menschen unterschiedlicher Herkunft lebte er als Fischer in diesem kleinen Dorf an der Nordspitze Neufundlands und machte sich keine weiteren Gedanken über Vergangenheit oder Zukunft. Der Kampf ums Dasein an Kanadas östlichstem Vorposten prägte das Leben der Fischerfamilien von L'Anse aux Meadows. Bis in die sechziger Jahre hinein war ihre Gemeinde von der Außenwelt fast isoliert. Es gab keine

Straßen, es gab keine Telefonverbindung, die Häuser hatten keinen Strom. Nicht einmal die Fähren, die die kanadische Ostküste versorgten, liefen das Dorf an. Die Post mußte aus dem Nachbardorf geholt werden, das nach einer Seereise von einer knappen Stunde zu erreichen war.

Aber das ist jetzt lange her. Heute bringt uns der asphaltierte Highway rasch vom einige Dutzend Kilometer südlich von L'Anse aux Meadows gelegenen Flughafen zum Parkplatz vor dem modernen Museum, das nur einen Steinwurf von den Häusern entfernt liegt, die Leif Eiriksson bauen ließ, als er vor tausend Jahren den Fjord mit den grünen Wiesen erreichte. In regelmäßigen Abständen kommen wir an Cafés und Motels mit Namen vorbei, die uns daran erinnern, warum dieses Dorf den Zugang zur modernen Welt gefunden hat: Vinland Motel, Norseman's Café & Gallery, Valhalla Lodge und The Viking Inn.

Ich frage Job Anderson, ob er sich in sein altes Leben zurücksehnt, und die Antwort kommt sofort: »No, Sir!« Und er fügt hinzu: »Allein im letzten Jahr habe ich mehr Menschen getroffen als vorher in meinem ganzen Leben.« Er stellt klar, daß es ein Geschenk der Götter war, daß eines Tages vor vierzig Jahren plötzlich Helge Ingstad in L'Anse aux Meadows auftauchte und fragte, ob es in der Gegend noch alte Ruinen gebe. George Decker, Jobs Nachbar, sagte damals einfach: »Komm mit!« Und er führte Ingstad über eine flache Landstrecke. »Bald erreichten wir eine ziemlich tiefe Bucht, deren Wasser sehr seicht zu sein schien«, schreibt Ingstad darüber. »In diese Bucht mündete ein Bach, der Black Duck Brook. Er schlängelte sich durch eine mit

154

Heidekraut, Gras und Weiden bewachsene Landschaft. In einem Wasserfall sah ich für einen Moment einen springenden Lachs. Ein kleines Stück von der Bucht entfernt befand sich eine vor langer Zeit vom Meer geschaffene an die vier Meter hohe Terrasse. Und *da war es*! Auf dem Boden entdeckte ich einige flache, stark überwucherte Erhöhungen, die an einigen Stellen verschwanden, dann aber ein Stück weiter entfernt wieder auftauchten. Es war auf jeden Fall klar, daß es sich um die Reste von sehr alten Wohnstätten handelte.«

Der Rest der Geschichte ist bekannt. Ingstad hatte die Fundamente der ersten nordischen Siedlung in Amerika gefunden. Nach acht Jahren und sieben archäologischen Expeditionen war die gesamte Siedlung freigelegt. Seine Frau, die Archäologin Anne Stine Ingstad, leitete die Ausgrabungen und fand dabei die Unterstützung der Lokalbevölkerung, Job Anderson zum Beispiel war fast die ganze Zeit dabei. Im Laufe der Arbeiten wurden immer weitere Beweise dafür erbracht, daß sie wirklich Leif Eirikssohns Wohnsiedlung in Vinland gefunden hatten.

Langsam aber sicher wurden die Fundamente der acht Häuser freigelegt, die alle aus Grassoden gebaut gewesen waren. Einige Häuser waren überraschend lang – bis zu vierundzwanzig Metern, und insgesamt boten sie Raum für achtzig bis hundert Menschen. Bei den Wohnhäusern handelte es sich um Langhäuser von der Art, wie wir sie aus Island oder Grönland kennen. Auch die Feuerstätten waren typisch nordisch, und als dann noch eine Spinnwirtel aus Speckstein, Eisennägel, eine Steinlampe, wie sie im frühen Mittelalter auf Island verbreitet gewesen war, und ein Fragment einer Knochennadel von nordischem Typus gefunden wurde – da konnte es keine Zweifel mehr geben!

Im Herbst 1999, kurz vor seinem hundertsten Geburtstag, durfte ich Helge Ingstad besuchen, und sichtlich bewegt schilderte er dabei den Höhepunkt der Ausgrabungen: »Es war am letzten Tag. Wir waren seit acht Jahren an der Arbeit und glaubten, fertig zu sein. Doch dann hörte ich plötzlich laute aufgeregte Frauenstimmen. Ich sprang auf und lief zu Anne Stine und einer anderen Frau hinüber, die einen Gegenstand in die Luft hielten. Es handelte sich um eine nordische Ringnadel aus Kupfer, die sie soeben entdeckt hatten. Es war ein großer Tag!«

Doch der Weg zum Erfolg war nicht leicht gewesen. Kein Sponsor war bereit, die finanzielle Verantwortung für die Ausgrabungen zu übernehmen, weshalb das Ehepaar Ingstad alles selber finanzieren mußte. In einem Interview, das er 1989 mit der norwegischen Zeitung *Aftenposten* führte, sagte Ingstad: »Und dann ging die widerliche Arbeit los, immer neues Geld zusammenscharren zu müssen. Manche sind begabt für solche Aufgaben, ich bin das nicht.«

Bei meinem Besuch erzählte Ingstad, er besitze ein Notizbuch mit den Namen aller norwegischer Reeder. »Ich mußte also meinen Bettelgang antreten. Einige gaben mir etwas, die meisten lehnten ab«, sagte er. Mehr wollte er über diese Angelegenheit nicht sagen.

Seltsamerweise folgten die schwersten Jahre für das Ehepaar Ingstad erst, als die archäologischen Beweise schon unter Dach und Fach waren. Es reichte nicht, daß der US-Kongreß einige Jahre zuvor den 9. Oktober zum *Leif Erikson Day* ausgerufen hatte. Viele waren skeptisch – ja, manche gingen sogar so weit, Anne Stine Ingstad zu unterstellen, sie habe die nordischen Fundstücke an der Grabungsstätte ausgelegt. »Es war eine üble Zeit«, sagt Helge Ingstad im *Aftenposten*-Interview. »Wir wurden wirklich schikaniert. Für meine Frau war das am Schlimmsten.«

Als ich Ingstad während unseres Gespräches an diese Worte erinnerte, sagte er nur: »Wir hatten viele Feinde. Aber das ist jetzt kein Thema mehr.«

Einige Wochen später gab die Norwegische Akademie der Wissenschaften zu Ingstads 100. Geburtstag ein Essen, bei dem auch König Harald und der norwegische Ministerpräsident Kjell Magne Bondevik zugegen waren. Später an diesem Abend wurde Ingstad von einer Umweltorganisation mit einem Fackelzug geehrt, dessen Ziel Ingstads Wohnhaus »Brattahlið« im Osloer Stadtteil Vettakollen war.

Auch Job Anderson schickte einen Gruß: »Es war schön, für Sie zu arbeiten, Dr. Ingstad, und Ihre Frau war wirklich ein Engel!«

In L'Anse aux Meadows lebt der Name des Ehepaars Ingstad weiter. Heute ist auf dem Fjord mit den grünen Wiesen nur noch selten ein Boot zu sehen. Im Wasser gibt es kaum noch Fische. Die kleine Gemeinschaft lebt von geschichtsbewußten Reisenden, die sich in stetig wachsender Zahl einfinden, um die Siedlung zu besuchen, die jetzt auch auf der UNESCO-Liste des Weltkulturerbes steht. Und das verdankt sie einem grönländischen Seefahrer, der Mut und Neugier genug besaß, auf der Suche nach neuem Land die gefährliche Davis-Straße zu überqueren. Und dem Ehepaar Ingstad, das hartnäckig seiner inneren Stimme folgte und niemals aufgab.

# TEIL DREI

*Den heiligen Herrn der Mönche*
*bitte ich: Möge er*
*seine Hand über mich halten,*
*die Meerfahrt gut enden lassen.*

aus der Havgjerdingadrápa
(mittelalterliche Textsammlung,
Meeresgedichte)

# Die Grönlandsaga

## Die Geschichte von Eirik dem Roten

Da war ein Mann, der hieß Thorvald, Sohn von Åsvald, Sohn von Ulv, Sohn des Thore von Öksne. Sein Sohn hieß Eirik der Rote. Thorvald und sein Sohn Eirik der Rote mußten aufgrund einiger Morde von Jæren nach Island fliehen. Sie nahmen sich Land in Drangar bei Hornstrende. Dort starb Thorvald. Eirik heiratete Torhild, Tochter von Jørun Atlessohn und Torbjørg Knarrebringe, zog mit ihr nach Süden und siedelte sich in Eirikstad beim Vatshorn an. Der Sohn von Eirik und Torhild hieß Leif.

Hier geschah es, daß Eiriks Knechte Felsstücke vom Abhang lösten, so daß diese aus Valthjofs Gehöft stürzten. Eyolf, ein Verwandter Valthjofs, erschlug die Knechte. Aus Rache erschlug Eirik den Eyolf. Danach wurde Eirik von Eirikstad verbannt. Er ging nun nach Westen zum Breiðafjord und siedelte sich auf der Insel Öksney an.

Dort lieh er Thorgest seine Bankbretter. Später fordert er die Bretter zurück, erhielt sie aber nicht. Deshalb holte er sie sich selber. Thorgest verfolgte ihn. Es kam zum Streit mit Thorgest und seinen Leuten, wie es in der Saga von Eirik dem Roten berichtet wird.

Unterstützung fand Eirik bei Styr Thorgrimsson und ebenfalls bei Eyolf von Sviney sowie den Söhnen Brands vom Alftafjord und Thorbjörn Vivilssohn. Thorgest dagegen hatte die Söhne Thord Geljes und Thorgeirs aus dem Hitardal auf seiner Seite. Auf dem Ting von Thornes wurden Eirik und seine Leute für vogelfrei erklärt. Er rüstete sein Schiff in Eiriksvåg. Styr und die anderen gaben Eirik bis über die Inseln hinaus das Geleit und schieden dann von ihm in treuester Freundschaft. Eirik sagte, er wolle das Land suchen, das Gunnbjörn, der Sohn des Ulf Kråke, gesehen habe, als er westwärts über das Meer getrieben wurde und dabei die Gunnbjörnsschären fand. Wenn er dieses Land gefunden hätte, wollte er zu seinen Freunden zurückkehren.

Eirik segelte am Snæfellsjökull vorbei aufs Meer hinaus und erreichte den Gletscher Uidtjøkel auf Grönland, der heute Blåserk genannt wird. Von dort segelte er südwärts und hielt nach bebaubarem Land Ausschau. Er verbrachte den ersten Winter in Eiriksey, ungefähr in der Mitte der Ostsiedlung. Im folgenden Frühjahr fuhr er zum Eiriksfjord und ließ sich dort nieder. Im selben Sommer segelte er zu den westlichen Einöden und gab vielen Orten ihre Namen.

Den zweiten Winter verbrachte er auf den Inseln, die Eiriksholmene genannt werden, im dritten Sommer fuhr er in den hohen Norden zum Snæfjell und zum Ravnsfjord. Dort glaubte er, das Ende des Eiriksfjords erreicht zu haben. Deshalb machte er kehrt und verbrachte den dritten Winter auf Eiriksey an der Mundung des Eiriksfjordes.

Im Sommer darauf machte Eirik sich wieder auf den Weg zu dem Land, das er gefunden hatte und lief mit dem Schiff in den Breiðafjord ein. Dieses Land nannte er Grönland, denn er sagte, die Leute würden eher dorthin ziehen wollen, wenn das Land einen schönen Namen trüge.

Eirik verbrachte den Winter wieder auf Island und im Sommer danach fuhr er wieder dorthin, um sich niederzulassen. Er wohnte auf Brattahlið am Eiriksfjord. Kundige Männer sagen, daß im selben Sommer, in dem Eirik der Rote nach Grönland ging, um sich dort niederzulassen, 35 Schiffe vom Breiðafjord lossegelten, aber nur 14 dort ankamen. Manche fuhren wieder zurück und manche kenterten. Es sollte 15 Winter dauern, bevor das Christentum auf Island verkündet wurde. In dem Sommer dann reisten Bischof Frederik und Thorvald Kodranssohn ins Ausland.

Diese Männer zogen mit Eirik und nahmen auf Grönland Land: Herjolf nahm den Herjolfsfjord und siedelte auf Herjolfsnes, Kjetil am Kjetilsfjord, Ravn am Ravnsfjord, Sølve im Sølvedal, Helge Thordbrannssohn am Alftafjord, Thorbjörn Glora am Siglufjord, Elnar am Einarsfjord, Havgrim am Havgrimsfjord und in Vatnakverve, Arnlaug am Arnlaugsfjord. Die übrigen ließen sich in der Westsiedlung nieder.

## Bjarni zieht nach Grönland

Herjolf war der Sohn des Bard und dieser der Sohn des Herjolf. Er war verwandt mit Ingolf, dem Neusiedler. Ingolf gab Herjolf dem Älteren und seinen Leuten Land zwischen Våg und Reykjanes. Herjolf der Jüngere siedelte zuerst in Drepstoll. Seine Frau hieß Thorgerd, beider Sohn hieß Bjarni und war ein tüchtiger Mann. Schon als Knabe hatte er sich nach langen Reisen gesehnt. Er erhielt ein gutes Schiff, geladen mit Waren und Ehre, und verbrachte die Winter abwechselnd bei seinem Vater und im Ausland.

Bjarni besaß schon früh Handelsschiffe, und während er seinen letzten Winter in Norwegen verbrachte, segelte Herjolf mit Eirik nach Grönland und verließ seinen Hof. Auf ihrem Schiff befand sich ein Mann von den Hebriden, der Christ war, und er dichtete das Meerwogenlied, in dem diese Stelle vorkommt:

> Milder Prüfer der Mönche,
> fördere unsere Fahrt!
> Herrscher des hohen Himmels,
> halt über uns Deine Hand!

Herjolf ließ sich auf Herjolfsnes nieder, er war ein sehr angesehener Mann. Eirik der Rote wohnte auf Brattahlið. Er war der angesehenste Mann von allen. Dies waren seine Kinder: Leif, Thorvald, Thorstein und die Tochter Freydis. Sie heiratete einen Mann namens Thorvard und sie wohnten auf Gardar, wo jetzt der Bischofssitz liegt. Freydis war stolz und anmaßend,

Thorvard war eher ein schwacher Mann. Sie hatte ihn nur wegen seines Reichtums genommen.

Zu der Zeit waren die Leute auf Grönland noch Heiden.

In dem Sommer nach dem Frühling, in dem sein Vater fortgesegelt war, kam Bjarni nach Eyrar. Was er dort hörte, kam ihm wichtig vor, und er wollte seine Ladung nicht löschen lassen. Seine Mannschaft fragte nach seinen Plänen, und er antwortete, er wolle wie immer den Winter bei seinem Vater verbringen – »nach Grönland will ich fahren, wenn ihr mich begleiten wollt.« Alle sagten zu. Worauf Bjarni sprach: »Töricht mag den anderen unsere Reise vorkommen, da noch keiner von uns je im grönländischen Meer gesegelt ist.« Doch sie stachen in See und segelten drei Tage, bis das Land im Wasser versunken war. Dann legte sich der günstige Wind, und sie bekamen Nordwind und Nebel, so daß sie nicht wußten, wo sie waren. Das dauerte mehrere Tage.

Dann konnten sie die Sonne wieder sehen und die Himmelsrichtungen feststellen. Sie hißten die Segel und segelten den ganzen Tag und die Nacht hindurch, dann sahen sie Land. Sie überlegten, was das für ein Land sein könne, doch Bjarni sagte, Grönland könne es nicht sein. Sie fragten ihn, ob er zu diesem Land segeln wolle. Er antwortete: »Ich finde, wir sollten näher an das Land heranfahren.« Das taten sie und sahen bald, daß das Land flach und mit Wald bewachsen war und daß es kleine Hügel aufwies.

Sie ließen das Land backbords liegen und drehten die Schote dem Land zu. Dann segelten sie zwei Tage und sahen wieder Land. Sie fragen Bjarni, ob er glaube, daß dies Grönland sei. Er sagte, auch dieses Land könne kaum Grönland sein, denn das habe doch hohe Gletscher. Sie näherten sich dem Land und sahen, daß es flach und von Wald bewachsen war. Der günstige Wind legte sich, und die anderen wollten anlegen, doch Bjarni lehnte ab, obwohl es ihnen an Brennholz und Wasser fehlte. »Ihr habt von allem noch genug«, sagte Bjarni. Die anderen widersprachen zwar, aber er befahl, die Segel zu hissen. Danach segelten sie drei Tage bei Südwestwind und sahen dann zum dritten Male Land. Dieses Land war hoch und mit Bergen und Gletschern bedeckt. Sie fragten Bjarni, ob er hier landen lassen wolle, doch er antwortete: »Nein. Wenig verlockend scheint mir dieses Land zu sein.«

Sie holten ihre Segel nicht ein, sondern segelten am Land entlang und sahen, daß es eine Insel war. Sie wendeten und fuhren beim gleichen Wind wieder aufs Meer hinaus. Doch der Wind nahm zu und nun befahl Bjarni, die Segel einzuziehen und nicht stärker zu segeln, als Schiff und Tauwerk halten konnten. Sie segelten vier Tage und sahen dann zum vierten Mal Land. Sie fragten Bjarni, ob er glaube, daß dies Grönland sei oder nicht. Bjarni antwortete: »Dies Land gleicht am meisten dem, was mir von Grönland berichtet worden ist, und hier müssen wir landen.« Das taten sie und landeten abends an einer Landzunge. An der Landzunge lag ein Boot, und Bjarnis Vater Herjolf wohnte bei der Landzunge. Seit seiner Zeit heißt die Landzunge deshalb Herjolfsnes.

Bjarni ging zu seinem Vater, gab die Seefahrt auf und blieb bei ihm, solange Herjolf noch lebte. Er blieb auch nach dem Tod seines Vaters dort.

## Leif fährt nach Vinland

Am nächstes suchte Bjarni Herjolfssohn Eirik Jarl in Norwegen auf und wurde von diesem freundlich aufgenommen. Bjarni berichtete von seinen Fahrten und den Ländern, die er gesehen hatte, und alle meinten, er sei ja sehr wenig wißbegierig gewesen, da er nichts über diese Länder erzählen könne. Deshalb tadelten sie ihn. Bjarni aber trat in die Dienste des Jarl und reiste im folgenden Sommer nach Grönland.

Damals war viel die Rede davon, neue Länder zu suchen. Leif, der Sohn Eiriks des Roten, fuhr von Brattahlið zu Bjarni Herjolfssohn, kaufte dessen Schiff und trommelte eine Mannschaft zusammen. Insgesamt brachte er 35 Mann zusammen. Leif bat seinen Vater Eirik, sie als ihr Anführer zu begleiten. Eirik weigerte sich und sagte, er sei alt und könne nicht mehr wie früher alle Mühen ertragen. Leif sagte, daß von ihrer Sippe Eirik doch am meisten Glück habe. Schließlich gab Eirik nach und ritt von zu Hause fort, als alle Vorbereitungen beendet waren. Als sie sich dem Schiff näherten, strauchelte Eiriks Pferd. Dieser fiel herunter und verletzte sich den Fuß. Eirik sagte: »Es ist mir nicht bestimmt, andere Länder aufzusuchen. Wir werden nicht mehr zusammen auf Reisen gehen.« Eirik ritt zurück nach Brattahlið, Leif ging mit seinen 35 Gefährten an Bord. Darunter war auch ein Deutscher, der »Tyrker« (Türke) genannt wurde.

Sie machten sich bereit zur Abfahrt, dann stachen sie in See und erreichten zuerst das Land, das Bjarni zuletzt gesehen hatte. Sie warfen dort Anker, setzten Boote aus und ruderten an Land. Dort war kein Gras zu sehen. Weiter oben im Land erhoben sich hohe Gletscher. Alles war wie flacher Stein, vom Strand bis zu den Gletschern, und das Land schien ihnen keinerlei Reiz zu besitzen. Leif sagte: »Immerhin sind wir, anders als Bjarni, hier an Land gegangen. Und deshalb will ich dem Land einen Namen geben und es Flachsteinland nennen.«

Danach fuhren sie zum zweiten Land weiter. Sie warfen Anker, setzten Boote aus und gingen an Land. Das Land war flach und mit Wäldern bewachsen, und so weit das Auge reichte, sahen sie flache Sandstrände und seichtes Wasser. Leif sagte: »Wir wollen diesem Land einen Namen geben, der seinem Aussehen entspricht, wir wollen es Markland nennen.« Danach ruderten sie so schnell wie möglich zu ihrem Schiff zurück.

Dann segelten sie zwei Tage bei Nordostwind weiter und erreichten wieder Land; sie segelten auf dieses Land zu und erreichten eine Insel, die im Norden des Landes lag. Dort gingen sie an Land, sahen sich bei gutem Wetter um und entdeckten Tau auf dem Gras. Sie kosteten den Tau und glaubten, niemals so etwas Süßes gekostet zu haben. Danach fuhren sie zu ihrem Schiff zurück und segelten durch die Meerenge zwischen der Insel und der Landspitze, die sich nördlich vom Land ausstreckte. Sie steuerten westlich an der Landspitze vorbei. Es war Ebbe, sie stießen auf Grund und ihr Schiff saß fest. Nur in weiter Ferne konnten sie Wasser sehen. Sie waren jedoch so neugierig auf das

Land, daß sie nicht auf die Flut warten wollten. Sie liefen ans Land. Dort fanden sie einen Fluß, der aus einem See kam. Als dann die Flut wiederkehrte, ruderten sie zum Schiff und brachten es über den Fluß in den See. Dort warfen sie Anker. Dann trugen sie ihre Schlafsäcke an Land und schlugen ihre Zelte auf.

Einige Zeit später beschlossen sie, den Winter dort zu verbringen, und sie bauten sich Häuser. Es fehlte in Fluß und See nicht an Lachsen, und es waren größere Lachse, als sie vorher je gesehen hatten. Das Land war so gut, daß sie glaubten, das Vieh brauche dort im Winter nicht gefüttert zu werden. Es gab im Winter keinen Frost, und das Gras wurde kaum welk. Tag und Nacht waren nicht so verschieden in der Länge wie auf Grönland oder Island. Die Sonne war am kürzesten Tag sechs Stunden zu sehen.

Als sie mit dem Hausbau fertig waren, sagte Leif zu seinen Gefährten: »Jetzt will ich uns Männer in zwei Gruppen teilen, und ich will, daß das Land durchforscht wird. Die eine Hälfte soll bei den Häusern bleiben, die andere soll das Land erforschen, aber nur so weit gehen, daß sie abends zurückkehren können und sich nicht untereinander verlieren.« Leif zog an einem Tag mit aus und blieb am anderen bei den Häusern. Er war ein großer, starker und stattlicher Mann, und in jeder Hinsicht klug und maßvoll.

## Leif der Glückliche findet auf einer
## Schäre einige Männer

Eines Abends fehlte einer, als die Männer zurückkamen, und zwar der Deutsche Tyrker. Leif hörte das gar nicht gern, denn Tyrker war schon lange bei ihm und seinem Vater und hatte Leif in dessen Kindheit sehr geliebt. Leif schalt seine Gefährten und machte sich mit zwölf Männern auf, um ihn zu suchen. Aber schon bald kam Tyrker ihnen entgegen. Sie begrüßten ihn voller Freude. Leif merkte bald, daß sein Pflegevater verstört war. Tyrker hatte eine vorspringende Stirn, unruhige Augen und ein sommersprossiges Gesicht. Er war klein und schmächtig, aber in jeder Art Kunstfertigkeit geübt. Leif fragte ihn: »Wo warst du so spät, Pflegevater, und warum hast du dich von deinen Gefährten getrennt?« Tyrker sprach zuerst lange Deutsch, verdrehte die Augen und verzog sein Gesicht, und sie konnten nicht verstehen, was er sagte. Dann endlich sagte er in nordischer Sprache: »Ich bin nicht viel weiter gegangen als ihr. Doch ich kann euch eine Neuigkeit berichten: Ich fand Weinranken und Weintrauben.« – »Ist das wahr, Pflegevater?« fragte Leif. »Gewiß ist es wahr«, antwortete Tyrker, »denn dort, wo ich geboren bin, mangelt es weder an Weinranken noch an Weintrauben.«

Am nächsten Morgen sagte Leif zu den anderen: »Jetzt wollen wir uns zwei Aufgaben vornehmen: an einem Tag wollen wir Weintrauben sammeln und am anderen Weinranken abhacken und Bäume fällen, um damit mein Schiff zu beladen.« So geschah es, und es heißt, daß ihr Schleppboot mit Weintrauben voll war und das Schiff mit den behauenen Ranken beladen war. Im Frühling rüsteten sie ihr Schiff und segelten fort. Leif gab dem neuen Land den Namen Vinland, weil dort Wein wuchs.

Dann stachen sie in See und hatten guten Wind, bis sie Grönland und die Berge unter den Gletschern sehen konnten. Ein Mann wandte sich an Leif und fragte: »Warum steuerst du so scharf gegen den Wind?« Leif antwortete: »Ich achte auf mein Steuer, aber doch auch auf andere Dinge. Seht ihr denn nichts?« Aber die anderen konnten nichts Ungewöhnliches sehen. »Ich weiß nicht«, sagte Leif, »ob ich ein Schiff oder eine Schäre sehe.« Jetzt sahen es auch die anderen und hielten es für eine Schäre. Leif hatte schärfere Augen als die anderen und konnte auf dieser Schäre Menschen erkennen. »Jetzt will ich gegen den Wind kreuzen«, sagte er, »um uns diesen Menschen zu nähern und ihnen zu helfen, falls sie Hilfe brauchen. Sollten sie uns aber nicht friedlich gesonnen sein, dann haben wir alle Vorteile und sie keinen.«

Sie segelten an die Schäre heran, warfen Anker und setzten ein kleines Boot aus. Dann fragte Tyrker, wer der Anführer der Männer auf der Schäre sei. Sie antworteten, er heiße Thorir und sei Norweger. »Und wie ist dein Name?« Leif nannte seinen Namen. »Bist du der Sohn Eiriks des Roten von Brattahlið?« fragte Thorir. Leif antwortete: »Ja.« Dann bot er an, sie alle auf sein Schiff zu nehmen, zusammen mit soviel von ihren Habseligkeiten, wie sein Schiff fassen konnte. Leif lud

Thorir, dessen Frau Gudrid und drei weitere Männer zu sich zu Gast, den Rest brachte er bei den anderen unter.

Leif hatte fünfzehn Menschen von der Schäre gerettet und wurde von nun an Leif der Glückliche genannt. Leif gewann damit Güter und Ehre.

In diesem Winter brach unter Thorirs Leuten eine schwere Seuche aus, der Thorir und viele andere zum Opfer fielen. In diesem Winter starb auch Eirik der Rote.

Es war jetzt viel die Rede von Leifs Vinlandfahrt und sein Bruder Thorvald meinte, Leif habe das Land nicht sorgfältig genug erforscht. Leif sprach zu Thorvald: »Du sollst mit meinem Schiff nach Vinland fahren, Bruder, aber zuerst soll das Schiff die Balken holen, die Thorir auf der Schäre bei sich hatte.« Und so geschah es.

## Thorvald fährt nach Vinland

Nun machte Thorvald sich zusammen mit dreißig Männern zur Vinlandfahrt bereit und folgte in allem den Ratschlägen seines Bruders Leif. Sie stachen in See, und wir hören erst wieder von ihnen, als sie nach Vinland zu Leifs Häusern kamen. Dort zogen sie ihr Schiff aufs Land, verhielten sich den Winter über ruhig und fingen sich Fische zum Essen.

Im Frühling sagte Thorvald, sie sollten in Booten westwärts die Küste entlangfahren und den Sommer über das Land untersuchen. Sie fanden das Land schön und mit Wald bewachsen, und zwischen Wald und Meer lag ein schmaler weißer Sandstreifen. Viele Inseln gab es dort und viele Untiefen. Sie fanden weder menschliche Behausungen noch Tiere, nur im Westen der Insel fanden sie einen Kornschober aus Holz. Andere Menschenspuren fanden sie nicht und kehrten im Herbst zu Leifs Häusern zurück.

Im folgenden Sommer fuhr Thorvald mit dem Schiff an der Ostküste des Landes und dann an der Nordküste entlang. Vor einer Landspitze gerieten sie in einen schweren Sturm und wurden auf die Landspitze zugetrieben, wobei der Kiel von ihrem Schiff abbrach. Sie brauchten lange, um ihr Schiff wieder instandzusetzen. Thorvald sagte zu den Genossen: »Jetzt werden wir den zerbrochenen Kiel hier an der Landspitze aufrichten und den Ort Kjalarnes nennen.« Und so geschah es. Dann segelten sie an der Ostküste bis zur nächsten Fjordmündung und kamen zu einem über und über bewaldeten Vorgebirge. Dort warfen sie Anker, schoben die Brücke an Land, und Thorvald ging mit seinen Gefährten an Land. Er sagte: »Hier ist es schön, hier möchte ich mir mein Gehöft bauen.« Danach gingen sie zum Schiff zurück und sahen auf dem Sand unter dem Berg drei Erhöhungen, und als sie hinkamen, sahen sie, daß es drei Lederkähne waren, und drei Männer schliefen unter jedem. Sie ordneten ihre Reihen und ergriffen alle außer einem, der mit seinem Kahn entkommen konnte. Sie töteten die acht und gingen dann wieder auf den Berg; von dort sahen sie im Fjord einige Erhöhungen und meinten, das müßten Wohnstätten sein.

Danach überkam sie eine so große Müdigkeit, daß sie sich nicht mehr wachhalten konnten. Doch es kam ein Ruf über sie, und alle erwachten. Und das war der Ruf: »Erwache, Thorvald, mit allen deinen Genossen! Wenn dir dein Leben lieb ist, so geht jetzt alle auf das Schiff und verlaßt dieses Land so schnell wie möglich!«

Jetzt kam eine Unzahl Lederkähne in den Fjord gefahren und hielt auf sie zu. Da sagte Thorvald: »Wir müssen auf unserem Schiff das Bollwerk aufrichten und uns nach Kräften verteidigen, aber nur wenig angreifen.« Das taten sie, und die Skrälinger beschossen sie eine Weile und flohen dann, so schnell sie konnten.

Thorvald fragte einen seiner Männer, ob jemand verwundet sei. Sie verneinten dies. »Ich habe eine Wunde unterm Arm bekommen«, sagte er. »Ein Pfeil flog zwischen der Schiffsbrüstung und dem Schild unter meinen Arm, und hier ist er. Er wird mir den Tod bringen. Jetzt rate ich euch, aufs schnellste zur Heimfahrt zu rüsten, mich aber sollt ihr auf den Berg tragen, wo ich am liebsten wohnen wollte. Ich habe wohl die Wahrheit gesprochen, als ich sagte, daß ich eine Weile dort wohnen werde. Dort sollt ihr mich begraben und mir zu Häupten und zu Füßen ein Kreuz setzen und den Ort Krossanes nennen.« Grönland war damals christlich, doch war Eirik der Rote vor der Einführung des Christentums gestorben. Jetzt starb Thorvald. Seine Leute taten, wie ihnen geheißen, kehrten zu ihren Gefährten zurück und berichteten ihnen alles, was sie wußten.

Sie blieben den Winter über dort und luden Weintrauben und Weinranken auf ihr Schiff. Im Frühling

174

rüsteten sie sich zur Heimfahrt nach Grönland, kamen mit ihrem Schiff zum Eiriksfjord und konnten Leif alles erzählen.

## Thorstein Eirikssohn stirbt in der Westsiedlung

Auf Grönland hatte sich Thorstein vom Eiriksfjord derweil mit Gudrid Thorbjörnstochter vermählt, von der wir schon gehört haben, wie sie ihren Gatten, den Norweger Thorir, verloren hatte. Thorstein Eirikssohn bekam nun Lust nach Vinland zu fahren, um die Leiche seines Bruders Thorvald zu holen. Er machte das Schiff bereit und wählte sich starke und große Gefährten. Er und Gudrid nahmen fünfundzwanzig Männer mit. Als sie bereit waren, stachen sie in See und verloren alsbald das Land aus den Augen. Den ganzen Sommer hindurch trieben sie über das Meer und wußten nicht, wo sie waren. Erst in der zweiten Winterwoche landeten sie im Lysefjord im westlichen Teil des besiedelten Grönlands. Thorstein konnte für seine ganze Mannschaft Obdach finden, nur nicht für sich und seine Frau. Sie kehrten zum Schiff zurück und verbrachten dort einige Nächte. Damals war das Christentum auf Grönland noch jung.

Doch dann kamen eines Morgens Leute zu Thorsteins Zelt, die fragten, wer im Zelte sei. Thorstein antwortete: »Hier sind nur zwei, aber wer fragt?« – »Thorstein heiße ich und werde der schwarze Thorstein genannt. Und ich möchte dir und deiner Frau Unterkunft anbieten.« Thorstein antwortete, er müsse sich erst mit seiner

Frau beraten, doch Gudrid überließ ihm die Entscheidung, und er nahm das Angebot an. »Dann komme ich euch morgen mit Pferden holen, denn es fehlt mir an nichts, so daß ich euch Obdach bieten kann. Allerdings ist es bei mir sehr einsam, denn mein Haushalt besteht nur aus mir und meiner Frau, da ich meine eigenen Wege gehe. Auch habe ich einen anderen Glauben als ihr, doch ich nehme an, daß eurer besser ist.« Am nächsten Morgen kam er sie mit Pferden holen, und sie fanden Unterkunft beim schwarzen Thorstein und hatten es gut bei ihm.

Gudrid war eine schöne und kluge Frau, die gern mit Fremden zusammen war. Zu Beginn des Winters brach eine Seuche unter den Leuten Thorsteins aus, und viele seiner Gefährten starben. Thorstein ließ Särge für die Leichen machen und aufs Schiff bringen: »Denn ich will im Sommer alle Leichen in den Eiriksfjord bringen lassen.« Schon bald drang die Seuche auch bis zum Gehöft des schwarzen Thorstein vor und erfaßte als erstes dessen Frau Grimhild. Grimhild war ungewöhnlich groß und stark wie ein Mann, doch auch sie wurde überwältigt. Bald ergriff die Seuche auch Thorstein Eirikssohn und er und Grimhild lagen gleichzeitig darnieder. Grimhild starb. Nach ihrem Tod verließ der schwarze Thorstein das Zimmer, um ein Brett zu holen, auf das er die Leiche legen wollte. Gudrid sagte: »Eil dich, Thorstein.« Er antwortete, daß es so geschehen solle. Dann sagte Thorstein Eirikssohn: »Sonderbar führt sich unsere Hausfrau auf, jetzt stützt sie sich auf die Ellbogen und streckt die Füße unter den Bettrand und langt nach ihren Schuhen.« In diesem Moment kam der schwarze Thorstein herein, und Grimhild legte sich hin, und jeder Balken im Zimmer knirschte. Jetzt machte Thorstein einen Sarg für Grimhilds Leiche, trug sie hinaus und begrub sie. Er war groß und stark, und doch brauchte er alle Kräfte, um sie vom Hof zu tragen.

Die Krankheit von Thorstein Eirikssohn verschlimmerte sich, und er starb. Seine Frau Gudrid war sehr traurig. Alle hatten sich in der Stube versammelt. Gudrid hatte auf einem Stuhl vor der Bank gesessen, auf der ihr Mann Thorstein lag. Jetzt hob sie der schwarze Thorstein vom Stuhl, nahm sie in seine Arme und setzte sich mit ihr auf eine andere Bank, der Leiche Thorsteins gegenüber, und sprach ihr zu und tröstete sie und versprach, mit ihr und Thorsteins Leiche und Thorsteins Genossen zum Eiriksfjord zu fahren. »Und dann werde ich mehr Leute herbringen«, sagte er. »Dir zum Trost und zur Ermunterung.« Sie dankte ihm. Da setzte sich Thorstein Eirikssohn auf und fragte: »Wo ist Gudrid?« Dreimal fragte er, aber sie schlief. Endlich fragte sie den schwarzen Thorstein: »Soll ich ihm Antwort auf seine Frage geben oder nicht?« Er bat sie, nicht zu antworten.

Da ging der schwarze Thorstein quer durch das Zimmer und setzte sich auf den Stuhl. Gudrid aber hielt er auf seinen Knien und sprach: »Was willst du, Namensvetter?« Dieser antwortete nach einer kleinen Weile: »Mich verlangt danach, Gudrid ihre Zukunft zu verkünden, damit sie meinen Tod leichter erträgt, denn ich bin zu guter Ruhestätte eingegangen. Und ich sage dir, Gudrid, daß du einen Isländer heiraten wirst. Ihr werdet lange zusammenleben und zahlreich wird eure Nachkommenschaft sein, kräftig und leuchtend, herrlich, süß und duftend. Ihr werdet von Grönland nach Norwegen fahren, von dort nach Island, und dort werdet ihr euch niederlassen. Dort werdet ihr lange wohnen, und du wirst deinen Gatten überleben. Du wirst nach Norwegen und südwärts fahren und nach Island zu deinem Wohnort zurückkehren, wo eine Kirche gebaut werden wird, du wirst die Nonnenweihen empfangen, und dort wirst du sterben.« Dann sank Thorstein wieder zurück, und sie versorgten die Leiche und brachten sie aufs Schiff.

Der schwarze Thorstein hielt alles, was er Gudrid versprochen hatte. Er verkaufte im Frühling sein Land und sein Vieh und ging mit Gudrid und allem, was er besaß, aufs Schiff. Er rüstete das Schiff, besorgte sich mehr Leute und fuhr dann zum Eiriksfjord. Dort wurden die Leute bei der Kirche begraben. Gudrid ging zu Leif nach Brattahlið, der schwarze Thorstein aber ließ sich am Eiriksfjord nieder, blieb dort bis an sein Lebensende und galt als überaus tüchtiger Mann.

## Über die Vinlandfahrten, die Thorfinn und seine Leute unternahmen

Im selben Sommer kam aus Norwegen ein Schiff nach Grönland. Der Steuermann hieß Thorfinn Karlsefni. Thorfinn war sehr reich. Er verbrachte den Winter bei Leif Eirikssohn, verliebte sich dort in Gudrid und wollte sie heiraten. Sie bat Leif, für sie zu antworten. Die beiden verlobten sich und heirateten im Winter.

Inzwischen war wieder viel die Rede von einer Fahrt nach Vinland, und Gudrid und die Männer rieten Thorfinn zu einer solchen Fahrt. Deshalb entschloß er sich und nahm sechzig Männer und fünf Frauen mit. Sie kamen überein, daß alles unterwegs gewonnene Gut gleicherweise zwischen ihnen geteilt werden sollte. Sie nahmen allerlei Vieh mit, denn sie wollten das Land bebauen, wenn das möglich wäre. Thorfinn bat Leif um dessen Häuser in Vinland, aber Leif antwortete, er wolle sie ihm leihen, aber nicht schenken. Dann stachen sie in See, kamen wohlbehalten bei den Leifbuden an und trugen ihre Schlafsäcke an Land. Sie machten bald großen und guten Fang, denn ein großer und guter Wal wurde an Land getrieben. Sie zerlegten den Wal und hatten genug zu Essen. Das Vieh wurde an Land gebracht, und bald wurden die männlichen Tiere wild und machten allerlei Probleme. Sie hatten auch einen Stier bei sich.

Thorfinn ließ Bäume fällen, für sein Schiff zurechthauen und zum Trocknen auf einen Berg bringen. Sie genossen alles, was das Land ihnen bot: Weintrauben, Jagdbeute verschiedener Art und anderes.

Im ersten Sommer bekamen sie Besuch von Skrälingern. Die Skrälinger kamen in Scharen aus dem Wald. Dort stand das Vieh, und der Stier begann, gewaltig zu brüllen und zu schreien, und davon erschraken die Wilden und liefen mit ihren Bürden fort. Sie hatten allerlei Felle und Zobel mitgebracht. Die Skrälinger wandten sich Thorfinn Karlsefnis Gehöft zu und wollten in die Häuser eindringen, doch Thorfinn ließ die Türen absperren. Sprachlich konnten sie sich nicht miteinander verständigen. Die Skrälinger luden ihre Säcke ab, öffneten sie, zeigten den Inhalt, boten ihn an und wollten am liebsten Waffen dafür eintauschen. Thorstein aber verbot seinen Leuten, Waffen einzutauschen und kam auf den Einfall, die Frauen Milchspeisen herausbringen zu lassen. Als die Skrälinger die Milchspeisen sahen, wollten sie nur noch diese kaufen, nichts anderes. So endete die Kauffahrt der Skrälinger damit, daß sie ihre Waren im Magen davontrugen. Karlsefni und seine Leute jedoch behielten Säcke und Felle.

Als nächstes ist zu berichten, daß Thorfinn Karlsefni um seinen Hof herum einen starken Palisadenzaun errichten ließ. In dieser Zeit gebar Gudrid, Thorfinns Gattin, einen Sohn, den sie Snorri nannten. Zu Beginn des zweiten Winters stellten die Skrälinger sich wieder ein. Jetzt waren es viel mehr als beim ersten Mal, und sie boten die gleichen Waren an. Thorfinn sagte zu den Frauen: »Jetzt müßt ihr wieder die Speisen bringen, nach denen sie beim letzten Mal so begierig waren, sonst aber nichts.« Und als die Skrälinger die Speisen sahen, warfen sie ihre Säcke über den Palisadenzaun. Gudrid saß neben der Wiege ihres Sohnes Snorri. Doch da fiel ein Schatten durch die Tür, und eine Frau trat herein. Sie trug ein schwarzes Gewand und ein Band um den Kopf. Sie war klein, hatte hellbraune Haare und so große Augen, wie sie noch niemand bei einem Menschen gesehen hatte. Sie ging zu Gudrid und fragte: »Wie heißt du?« – »Ich heiße Gudrid, aber wie ist dein Name?« erwiderte Gudrid. »Ich heiße Gudrid«, sagte die andere. Die Hausfrau Gudrid bat die andere, sich zu ihr zu setzen, aber in diesem Moment hörten sie großen Lärm, und die Fremde war verschwunden. Thorfinns Leute hatten einen Skrälinger getötet, denn der hatte sich Waffen nehmen wollen. Die Skrälinger stürzten davon, ihre Waren und ihre Kleider blieben liegen. Außer Gudrid hatte niemand die fremde Frau gesehen.

»Jetzt müssen wir uns die Sache gut überlegen«, sagte Thorfinn, »denn sicher werden die Skrälinger diesmal in noch größerer Zahl kommen. Zehn Männer sollen sichtbar auf der Landenge stehen, die anderen sollen in den Wald gehen und eine Lichtung für unser Vieh aushauen, für den Fall, daß die Wilden aus dem Wald kommen. Wir müssen auch unseren Stier vor uns hergehen lassen.«

An dem Ort, wo sie dachten, daß es zum Kampf kommen werde, lag auf der einen Seite ein See, auf der anderen standen Bäume. Alles kam so, wie Thorfinn vermutet hatte. Die Skrälinger erreichten die Stelle, die Thorfinn zum Kampfplatz ausersehen hatte. Der Kampf begann, und viele Skrälinger wurden getötet. Einer der Skrälinger war groß und schön, und Thorfinn hielt ihn für den Häuptling der Feinde. Ein Skrälinger hatte eine Axt aufgehoben und betrachtete sie eine Weile, schwang sie dann gegen einen seiner Genossen und hieb nach ihm. Der fiel sofort tot nieder. Da nahm der große Mann die Axt, betrachtete sie eine Weile und schleuderte sie dann in den See, so weit er konnte. Dann flohen sie in den Wald, so schnell sie laufen konnten, und damit war der Kampf zu Ende.

Thorfinn Karlsefni und seine Leute blieben den ganzen Winter in Vinland. Im Frühling dann sagte er, er wolle nicht mehr bleiben, sondern nach Grönland zurückkehren. Sie machten sich bereit zur Überfahrt und nahmen viele gute Dinge mit: Weinranken, Beeren und Felle. Sie stachen in See, erreichten wohlbehalten den Eiriksfjord und verbrachten dort den Winter.

## Freydis läßt die Brüder töten

Nun wurde erneut von einer Vinlandfahrt gesprochen, denn auf so einer Fahrt konnte man Gut und Ehre gewinnen. In dem Sommer, in dem Thorfinn Karlsefni aus Vinland zurückgekehrt war, kam ein Schiff von Norwegen nach Grönland. Dieses Schiff wurde von zwei Brüdern, Helgi und Finnbogi, gesteuert. Sie blieben den Winter über auf Grönland. Die Brüder waren von isländischer Abstammung und kamen aus den Ostfjorden.

Damals verließ Freydis Eirikstochter Gardar, begab sich zu den Brüdern Helgi und Finnbogi und bat sie, sie auf ihrem Schiff mit nach Vinland zu nehmen und mit ihr alles Gut zu teilen, das sich unterwegs gewinnen ließe. Dann ging Freydis zu ihrem Bruder Leif und bat ihn um die Häuser, die er in Vinland hatte erbauen lassen, doch er gab dieselbe Antwort wie beim ersten Mal, er wolle sie ihr leihen, aber nicht schenken.

Freydis und die Brüder verabredeten, jeweils dreißig kampffähige Männer mit aufs Schiff zu nehmen, und dazu Frauen, doch Freydis brach diese Abmachung sofort und nahm fünf Männer mehr mit. Sie versteckte diese Männer, so daß die Brüder erst in Vinland davon erfuhren.

Jetzt stachen sie in See und hatten verabredet, daß die Schiffe zusammenhalten sollten, wenn das möglich wäre, und sie entfernten sich auch nur wenig voneinander. Doch die Brüder kamen etwas früher an als Freydis und trugen ihre Habe in die Leifbuden. Als Freydis an Land kam, nahmen auch ihre Leute ihre Habe mit. Freydis fragte: »Warum habt ihr eure Habe hier hereingetragen?« – »Weil wir glaubten«, war die Antwort, »daß unsere Verabredung in allen Stücken gehalten werden solle.« – »Leif hat mir die Häuser geliehen«, sagte Freydis, »und nicht euch.« Darauf sagte Helgi: »An Bosheit können wir Brüder es nicht mit dir aufnehmen.« Sie trugen ihre Habe hinaus, bauten sich an einem See in Strandnähe ein Haus und richteten sich dort ein. Freydis aber ließ Bäume fällen, um ihr Schiff damit zu beladen.

Jetzt begann der Winter, und die Brüder schlugen vor, zum Zeitvertreib Spiele abzuhalten. Nach einer Zeit aber kam es zu Streit zwischen den Leuten, und die Spiele hörten auf. Es gab keinen Verkehr mehr zwischen den Häusern, und so ging es bis tief in den Winter hinein.

Dann stand Freydis an einem frühen Morgen auf und zog sich an, blieb aber barfuß. In der Nacht war viel Tau gefallen. Sie legte sich den Mantel ihres Gatten um die Schulter und ging zur Tür der Brüder. Ein Mann war kurz zuvor herausgekommen und hatte die Tür angelehnt. Freydis blieb in der Türöffnung stehen und schwieg. Finnbogi lag wach ganz hinten im Schlafge-

mach. Er fragte: »Was willst du hier, Freydis?« Sie antwortete: »Ich will, daß du aufstehst und mit mir hin-
ausgehst, denn ich will mit dir reden.« So geschah es.
Sie gingen zu einem Baumstamm, der vor der Hauswand lag, und setzten sich dort hin. »Wie gefällt es dir
hier?« fragte sie. Er antwortete: »Gut scheint uns das
Land zu sein, aber schlecht gefällt mir die Feindschaft,
die sich zwischen uns gebildet hat, und ich glaube,
nicht schuld daran zu sein.« – »Du hast recht«, sagte
sie. »Und ich möchte deshalb mit euch Brüdern das
Schiff tauschen, denn eures ist größer als meins, und
ich will fort von hier.« – »Das mag geschehen«, sagte er.
»Wenn du dann zufrieden bist.« Freydis ging wieder
nach Hause, Finnbogi kehrte zurück ins Bett. Freydis
stieg mit kalten Füßen in ihr Lager, und davon erwachte Thorvard und fragte, warum sie so kalt und naß
sei. Sie antwortete sehr aufgeregt: »Ich war zu den Brüdern gegangen, um über ihr Schiff zu verhandeln, ich
wollte ein größeres Schiff haben, aber sie wurden darüber so erzürnt, daß sie mich schlugen und übel zu-
richteten. Und du, Elender, willst weder meine noch
deine Schande rächen. Ich merke jetzt, daß ich sehr
fern von Grönland bin. Aber ich werde mich von dir
lossagen, wenn du mich nicht rächst.«

Das konnte er sich nicht so sagen lassen, deshalb befahl er seinen Leuten, sofort aufzustehen und zu den
Waffen zu greifen. Das taten sie und gingen dann zum
Haus der Brüder, traten zu den Schlafenden, ergriffen
sie, banden sie und führten sie dann hinaus. Freydis
ließ alle töten. Am Ende waren alle Männer tot, die
Frauen aber lebten noch und niemand wollte Hand an
sie legen. Freydis sagte: »Gebt mir eine Axt!« Das ge-

schah. Dann erschlug sie die fünf Frauen und ging erst fort, als alle tot waren.

Nach dieser Untat kehrten sie in ihr Haus zurück und schienen mit ihren Taten sehr zufrieden zu sein. Freydis sagte zu ihnen: »Wenn wir glücklich nach Grönland kommen, werde ich jeden töten lassen, der von diesem Ereignis erzählt. Wir werden sagen, daß die anderen hier zurückbleiben wollten.«

Im Frühling machten sie das Schiff der Brüder bereit und beluden es mit allen Schätzen, die sie an sich gebracht hatten und die das Schiff tragen konnte. Dann stachen sie in See und hatten eine gute Überfahrt, so daß sie zu Beginn des Sommers im Eiriksfjord eintrafen.

## Über Freydis

Freydis begab sich nun auf ihren Hof, wo während ihrer Abwesenheit alles gut gegangen war. Sie gab ihren Reisegefährten große Geschenke, damit die über ihre Untaten schwiegen, und lebte wieder auf ihrem Hof. Doch nicht alle hielten den Mund, und nach und nach kamen deshalb die Schandtaten heraus. Als Freydis' Bruder Leif davon hörte, war er außer sich vor Zorn. Er ließ drei Männer aus Freydis' Gefolgschaft festnehmen und holte durch Foltern die Wahrheit aus ihnen heraus. Jeder sagte dasselbe. Darauf sprach Leif: »Ich will meine Schwester nicht so bestrafen, wie sie es verdient hat. Aber ich kann auf jeden Fall sagen, daß ihre Nachkommenschaft kein Glück haben wird.« Und so kam es auch, und niemand hatte noch ein gutes Wort über diese Sippe zu sagen.

Wir können nun berichten, daß Karlsefni ein Schiff ausrüstete, und alle fanden, daß von Grönland aus nie ein reicheres Schiff als das seine in See gestochen sei. Er hatte eine gute Überfahrt und kam glücklich in Norwegen an. Er verbrachte dort den Winter, verkaufte seine Waren, und er und seine Gattin standen bei Norwegens Edlen in höchstem Ansehen. Im folgenden Frühling wollte er dann nach Island fahren. Als er an der Reede auf guten Wind wartete, kam ein Mann aus Bremen im Sachsenlande zu ihm. Der wollte Thorfinns Schiffsfigur kaufen. »Die will ich nicht hergeben«, sagte dieser. »Ich gebe dir eine halbe Mark Gold«, sagte der Bremer. Karlsefni fand dieses Angebot gut und schlug ein. Der Bremer ging mit der Schiffsfigur von dannen, aber Karlsefni wußte nicht, aus welchem Holz sie gemacht war. Und zwar aus vinländischem Ahorn.

Dann stach er in See und gelangte in den Skagafjord in Nordisland. Dort zog er für den Winter sein Schiff aufs Land. Im Frühjahr kaufte er bei Glaumbö Land, baute einen Hof und lebte dort bis zu seinem Tod in hohem Ansehen. Von ihm und seiner Gattin Gudrid stammen viele tüchtige Menschen ab.

Nach Karlsefnis Tod leitete Gudrid zusammen mit ihrem in Vinland geborenen Sohn Snorri das Gut. Als Snorri heiratete, reiste Gudrid nach Norwegen und von dort nach Rom, und als sie zu ihrem Sohn Snorri zurückkehrte, hatte er auf Glaumbö eine Kirche errichten lassen. Gudrid wurde Nonne und Einsiedlerin und lebte dort bis zu ihrem Tode.

Snorri hatte einen Sohn namens Thorgeir, dieser eine Tochter namens Yngvild, und diese wurde die

Mutter Bischof Brands. Snorris Tochter hieß Hallfrid, ihr Sohn war Runolf, der Vater Bischof Thorlaks. Ein Sohn von Gudrid und Karlsefni hieß Björn, er war der Vater Thorunns, der Mutter Bischof Björns. Viele tüchtige Menschen stammen von Karlsefni ab. Und Karlsefni selbst hat ausführlicher als alle anderen von den Reisen erzählt, von denen wir hier ein wenig berichtet haben.

# Die Saga Eiriks des Roten

## I.

Olav hieß ein Heereskönig, er wurde Olav der Weiße genannt. Er war der Sohn von König Ingjald, des Sohnes des Helge, der wiederum Sohn von Olav war, und dieser Sohn von Gudröd, dem Sohn des König Halvdan Kvitbein aus Mittelnorwegen. Olav ging nach Westen auf Wikingfahrt und gewann Dublin in Irland und die umliegenden Ländereien und ließ sich dort zum König ausrufen. Er heiratete Aud die Tiefsinnige, die Tochter von Kjetil Flatnev, Sohn des Björn Buna, eines tatkräftigen Mannes aus Norwegen. Ihr Sohn hieß Thorstein der Rote. Olav fiel in Irland bei einer Schlacht, worauf Aud und Thorstein sich auf die Hebriden begaben. Dort heiratete Thorstein Turid, die Tochter von Öyvind Austmann und die Schwester von Helge dem Mageren. Sie bekamen viele Kinder.

Thorstein wurde ein Heereskönig. Er tat sich mit Jarl Sigurd dem Mächtigen zusammen, dem Sohn von Öystein Glumra. Sie gewannen Caithness und Sutherland, Ross und Moray und mehr als halb Schottland.

Thorstein ließ sich dort zum König ausrufen, wurde jedoch von den Schotten verraten und fiel in einer Schlacht. Aud hielt sich in Caithness auf, als sie von Thorsteins Ende hörte. In aller Heimlichkeit ließ sie in einem Wald eine Knorre bauen und reiste damit zu den Orkney-Inseln. Dort verheiratete sie Gro, die Tochter Thorsteins des Roten, und diese gebar Gunnlod, die dann den Jarl Thorfinn Hauseklver heiratete. Danach segelte Aud nach Island. Auf ihrem Schiff führte sie zwanzig freie Männer mit sich.

Aud kam nach Island und verbrachte den ersten Winter bei ihrem Bruder Björn in Bjarnahavn. Danach nahm Aud das ganze Land zwischen den Flüssen Dogurdar und Skråmelaup in Besitz und ließ sich in Kvam nieder. In Krossholar ließ sie Kreuze errichten und Gebete sprechen, denn sie war getauft und fest im Glauben.

Zusammen mit ihr kamen viele starke Männer nach Island, die auf Wikingerzügen in den Westen gefangengenommen worden waren und Leibeigene genannt wurden. Einer von ihnen hieß Vivil. Er war von edler Herkunft, war im Westen in Gefangenschaft geraten und als Leibeigener bezeichnet worden, bis Aud ihn auslöste. Als Aud ihrer Schiffsmannschaft Wohnstätten zuwies, fragte Vivil, warum Aud ihm nicht wie den anderen einen Wohnort zuweise. Aud erwiderte, das habe keine Bedeutung, denn er werde sicher Achtung gewinnen, wo immer er sich aufhalte. Aud gab ihm Vivilsdal, und dort ließ er sich nieder. Er heiratete und bekam die Söhne Thorgeir und Thorbjörn. Sie waren tüchtige Männer, die bei ihrem Vater aufwuchsen.

## II.

Da war ein Mann, der hieß Thorvald, Sohn von Åsvald, Sohn von Ulv, Sohn des Thore von Öksne. Sein Sohn hieß Eirik der Rote. Thorvald und sein Sohn Eirik der Rote mußten aufgrund einiger Morde von Jæren nach Island fliehen. Sie nahmen sich Land in Drangar bei Hornstrendene. Dort starb Thorvald. Eirik heiratete Torhild, Tochter von Jørun Atlessohn und Torbjørg Knarrebringe, zog mit ihr nach Süden und siedelte sich in Eirikstad beim Vatshorn an. Der Sohn von Eirik und Torhild hieß Leif.

Eines Tages lösten Eiriks Leibeigene dort eine Lawine aus, die auf Valthjovs Gehöft stürzte. Valthjovs Verwandter Eyolf erschlug die Leibeigenen bei Skeidsbrekkene oben bei Vatshorn. Deshalb erschlug Eirik Eyolf. Außerdem erschlug er Holmgang-Ravn bei Leikskålar. Eyolfs Verwandte, Geirstein und Odd von Jorve, erhoben Klage gegen ihn. Eirik mußte das Haukatal verlassen. Er nahm Brokey und Oksney in Besitz und ließ sich auf Trader auf Suderey nieder. Dort lieh er Thorgest seine Bankbretter. Später verlangte er sie zurück, erhielt sie aber nicht. Deshalb holte er sie sich aus Breidaboldstad, wurde jedoch von Thorfest verfolgt. In der Nähe von Drangar kam es zum Kampf; zwei von Thorgests Söhnen und noch einige weitere Männer fielen.

Danach sammelten beide eine große Gefolgschaft. Styr und Eyolf von Sviney, Thorbjörn Vivilssohn und die Söhne Thorbrands vom Altafjord stellten sich auf Eiriks Seite, zu Thorgest hielten die Söhne von Thord

Gjelle und Thorgeir aus Hitardal sowie Aslak aus Langedal und dessen Sohn Illugi. Auf dem Ting in Thornes wurden Eirik und seine Gefolgschaft für vogelfrei erklärt. Eirik machte in Eiriksvåg sein Schiff bereit, und Eyolf versteckte ihn in Dimunarvåg, während Thorfest und seine Leute ihn überall bei den Inseln suchten. Eirik sagte, er wolle das Land suchen, das Gunnbjörn, der Sohn des Ulf Kråke, damals gesehen hatte, als er westwärts über das Meer getrieben wurde und die Gunnbjörns-Schären fand. Er wolle zu seinen Freunden zurückkehren, wenn er das Land wiedergefunden habe.

Thorbjörn, Eyolf und Styr begleiteten Eirik bis vor die Inseln und trennten sich dann in treuer Freundschaft von ihm. Eirik versprach, ihnen nach besten Kräften zu helfen, sollten sie diese Hilfe jemals benötigen.

Eirik segelte am Snæfell vorbei aufs Meer hinaus und erreichte auf Grönland den Gletscher Blåserk. Von dort fuhr er südwärts, um nach bebaubarem Land zu suchen. Er verbrachte den ersten Winter auf Eiriksey, ungefähr in der Mitte der Westsiedlung. Im folgenden Frühling fuhr er zum Eiriksfjord und ließ sich dort nieder. Im Sommer reiste er zu den westlichen Einöden und gab vielen Orten Namen. Im zweiten Winter lebte er auf den Inseln Eiriksholmene vor Kvarvsgnipa. Im dritten Sommer fuhr er dann in den hohen Norden zum Snæfell und zum Ravnsfjord. Er glaubte, damit das Ende des Eiriksfjordes erreicht zu haben. Deshalb machte er kehrt und verbrachte den dritten Winter abermals auf Eiriksey an der Mündung des Eiriksfjordes. Im nächsten Winter fuhr er nach Island und segelte den Breiðafjord hinauf. Den Winter verbrachte er bei Eyolf auf Holmlåt. Im Frühling kam es zum Kampf mit Thorgest, und Eirik wurde besiegt. Die beiden schlossen einen Vergleich.

Im Sommer zog Eirik los, um das Land urbar zu machen, das er gefunden und Grönland, das »grüne Land«, genannt hatte. Er sagte, die Leute würden eher Lust haben, dorthin zu ziehen, wenn das Land einen schönen Namen trüge.

## III.

Thorgeir Vivilssohn heiratete Arnora, die Tochter Einars von Laugarbrekka, den Sohn Sigmunds, Sohn von Kjetil Tistel, der den Tistelfjord in Besitz genommen hatte. Eine andere Tochter Einars hieß Hallveig. Sie heiratete Thorbjörn Vivilssohn und brachte Land in Laugarbrekka bei Hellesvollene mit in die Ehe. Sie zogen dorthin, und Thorbjörn wurde ein angesehener Mann. Er wurde zu einem fähigen Bauern und führte einen prachtvollen Haushalt. Seine Tochter hieß Gudrid. Sie war eine überaus schöne und in jeder Hinsicht tüchtige Frau.

Ein Mann hieß Orm und wohnte auf Arnarstape. Seine Frau hieß Halldis. Orm war ein tüchtiger Bauer und ein guter Freund von Thorbjörn. Lange lebte Gudrid als Pflegetochter bei ihm. Ein Mann hieß Thorgeir und lebte am Thorgeirsfell. Er war ein freigelassener Leibeigener, der zu Vermögen gelangt war. Er hatte einen Sohn namens Einar. Einar war ein stattlicher

Mann, der viel gesehen hatte und sich prächtig zu kleiden verstand. Er war Seefahrer und ein geschickter Kaufmann. Er verbrachte immer den einen Winter in Norwegen und den nächsten auf Island. In einem Herbst war Einar auf Island und reiste mit seinen Waren zur Snæfells-Halbinsel, um sie dort zu verkaufen. Er kam nach Arnarstape. Orm lud ihn ein, dort zu bleiben, und Einar nahm die Einladung an, denn sie waren Freunde. Einars Waren wurden in ein Vorratshaus getragen. Einar breitete die Waren aus, zeigte sie Orm und bat ihn und seine Leute zu nehmen, was ihnen gefiel. Orm nahm das Angebot an und nannte Einar einen fähigen Kaufmann und einen Glückspilz.

Doch während sie noch in die Waren vertieft waren, ging eine Frau an der Tür des Vorratshauses vorbei. Einar fragte Orm, wer diese schöne Frau sei, denn er habe sie noch nie gesehen. Orm sagte: »Das war Gudrid, mein Pflegekind, die Tochter Thorbjörns von Laugarbrekka.« Einar sagte: »Sie wäre eine gute Wahl, oder haben sich schon andere um sie beworben?« Orm antwortete: Natürlich haben sich schon andere um sie beworben, mein Freund, aber leicht ist die Sache nicht. Denn offenbar ist sie sehr wählerisch, was Männer angeht, und ihr Vater hält es ebenso.« – »Aber trotzdem«, sagte Einar, »ist gerade sie die Frau, die ich gern heiraten möchte, und deshalb bitte ich dich, bei ihrem Vater für mich zu sprechen und dir alle Mühe zu geben. Ich werde dich dafür mit meiner ganzen Freundschaft belohnen. Der Bauer Thorbjörn wird schon einsehen, daß uns beiden mit dieser neuen Verwandtschaft gedient wäre, denn er ist ein Ehrenmann und besitzt einen großen Hof, aber ich habe doch gehört, daß sein Vermögen stetig abnimmt. Mir und meinem Vater dagegen fehlt es weder an Land noch an barem Geld, und es wäre für Thorvald nur ein Vorteil, wenn diese Ehe zustande käme.«

Orm erwiderte: »Natürlich möchte ich gern dein Freund sein, aber ich habe trotzdem keine Lust, diesen Auftrag zu übernehmen, denn Thorbjörn ist hochmütig und sehr ehrgeizig.« Einar sagte, er wolle doch nur, daß Thorbjörn von seinem Wunsch unterrichtet werde. Orm sagte, dann werde er ihm diesen Gefallen tun.

Einar reiste wieder nach Süden auf seinen Hof. Einige Zeit später lud Thorbjörn zu einem Herbstgelage, wie er das immer tat, denn er war ein sehr vornehmer Mann. Zu diesem Gelage kamen auch Orm von Arnastape und viele andere von Thorbjörns Freunden. Orm kam mit Thorbjörn ins Gespräch und sagte ihm, daß erst kürzlich Einar bei ihm gewesen sei und brachte dann die Werbung vor. Er sagte, sie könne in vieler Hinsicht von Vorteil sein: »Dir, Bauer, kann er mit seinem Geld eine große Hilfe sein.« Thorbjörn antwortete: »Ich hätte nie erwartet, von dir zu hören, ich sollte meine Tochter mit dem Sohn eines Leibeigenen verheiraten. Ihr habt wohl gesehen, daß mein Vermögen schwindet, wenn ihr mir solchen Rat gebt. Gudrid wird nicht mir dir zurückkehren, wenn du meinst, sie habe eine so geringe Heirat verdient.«

Orm reiste wieder nach Hause, wie auch alle anderen Gäste. Gudrid blieb bei ihrem Vater und verbrachte dort den Winter. Im Frühling lud Thorbjörn seine

Freunde zu sich ein. Viele Gäste kamen, und es wurde ein großes Gelage. Mitten im Gelage meldete Thorbjörn sich zu Wort und sagte: »Hier wohne ich nun schon lange. Ich habe eure Zuneigung und eure Freundschaft genossen, und wir sind immer gut miteinander ausgekommen. Doch nun bin ich doch in Schwierigkeiten geraten. Bisher habe ich ja als wohlhabender Mann gegolten. Doch nun möchte ich lieber den Hof verlassen, als meine Ehre zu verlieren, und ich möchte lieber das Land verlassen, als meine Sippe zu entehren. Ich habe nun vor, festzustellen, ob Eirik der Rote, mein Freund, das Versprechen halten wird, das er mir bei unserem Abschied im Breiðafjord gegeben hat. Ich will in diesem Sommer nach Grönland fahren, wenn alles gutgeht.«

Alle waren von diesem Entschluß überrascht, denn Thorbjörn hatte immer viele Freunde gehabt. Sie glaubten jedoch, ihn nicht mehr umstimmen zu können. Thorbjörn gab allen Geschenke, das Gelage wurde aufgehoben, und alle kehrten auf ihre Höfe zurück.

Thorbjörn verkaufte seinen Grundbesitz und erwarb ein Schiff, das an der Mündung des Raunhavns lag. Dreißig Männer wollten ihn auf seiner Reise begleiten. Zu ihnen gehörten auch Orm von Arnastape mit seiner Gattin und die Freunde Thorbjörns, die sich nicht von ihm trennen wollten. Nun stachen sie in See. Anfangs hatten sie günstigen Wind, doch als sie dann auf hoher See waren, schlug der Wind um. Sie bekamen starken Sturm und hatten den ganzen Sommer über schwere Fahrt. Unter den Leuten brach eine Seuche aus, und Orm, seine Frau Halldis und die Hälfte der Besatzung starben. Das Meer wurde immer ungestümer. Sie litten unter Nässe und Übelkeit und erreichten erst zu Beginn des Winters Herjolfsnes auf Grönland. Dort wohnte ein Mann namens Thorkel. Er war ein tüchtiger Mann und ein guter Bauer. Er gewährte allen, die mit dem Schiff gekommen waren, den Winter über Obdach. Er war gastfreundlich, und Thorbjörn und die anderen fühlten sich bei ihm wohl.

## IV.

In diesem Jahr herrschte auf Grönland große Not. Jäger und Fischer brachten nur geringe Beute heim, einige kamen gar nicht zurück. Im Dorf lebte eine Frau namens Thorbjörg, sie war Seherin und wurde »kleine Völva« genannt. Sie hatte neun Schwestern gehabt, und auch die waren allesamt Seherinnen gewesen, doch nun war nur sie noch am Leben. Im Winter besuchte Thorbjörg die Gelage und wurde vor allem von denen eingeladen, die etwas über ihr Schicksal für das kommende Jahr hören wollten. Und da Thorkel der angesehenste Bauer war, so fanden alle, er solle sich erkundigen, wann die schlechten Zeiten ein Ende nehmen würden.

Thorkel bat die Seherin zu sich, wie sich das für eine Frau ihres Ranges gehörte. Ein Hochsitz wurde für sie errichtet, und darauf wurde ein Kissen gelegt, das mit Hühnerfedern gefüllt sein mußte. Als sie abends kam, zusammen mit dem Mann, den sie ihr zur Begleitung geschickt hatten, war sie folgendermaßen gekleidet:

Sie trug einen gegürteten blauen Mantel, der bis unten mit Steinen besetzt war. Um den Hals trug sie Glasperlen. Auf ihrem Kopf saß eine Kappe aus schwarzem Lammfell, mit Katzenfell gefüttert. In der Hand hielt sie einen Stab mit einem Knauf. Der Stab war mit Messing beschlagen, der Knauf mit Steinen besetzt. Um den Leib trug sie einen Gürtel mit einem Lederriemen, in dem sie ihre Zaubermittel aufbewahrte. An den Füßen trug sie zottige Kalbsfellschuhe, mit langen starken Riemen und großen Messingknöpfen. An den Händen trug sie Handschuhe aus Katzenfell, die innen weiß und zottig waren.

Als sie hereinkam, glaubten alle Gäste, sie ehrerbietig begrüßen zu müssen. Sie dagegen grüßte je nachdem, was sie von den Leuten hielt. Der Bauer Thorkel nahm die Seherin an der Hand und führte sie zu dem für sie errichteten Sitz. Dann bat er sie, sich Volk und Vieh und Haus und Hof anzusehen. Sie war während der ganzen Zeit sehr schweigsam.

Abends wurden Tische aufgestellt, und wir werden nun berichten, welche Kost der Seherin gebracht wurde: Ihr wurde Grütze aus Ziegenmilch gereicht, dazu ein Gericht aus den Herzen aller Tiere, die es in der Gegend gab. Sie bekam einen Messinglöffel, ein Messer mit Walroßzahngriff und zwei Kupferringen, dessen Spitze abgebrochen war.

Nach dem Essen trat der Bauer Thorkel vor Thorbjörg hin und fragte nach ihrer Meinung über das Haus und das Leben dort. Er wollte auch wissen, wie schnell er erfahren könne, was er erfragt hatte und was die Leute wissen wollten. Sie antwortete, sie müsse darüber schlafen und könne ihm das alles erst am nächsten Tag mitteilen.

Am nächsten Tag wurde alles gebracht, was sie für ihren Zauber brauchte. Sie bat um einige Frauen, die das Lied kannten, das für den Zauber nötig war und das »Vardlokkur« heißt. Doch solche Frauen gab es auf dem Hof nicht. Gudrid sagte: »Ich bin weder Seherin noch zauberkundig, aber meine Pflegemutter Halldis auf Island hat mich ein Lied gelehrt, das sie so genannt hat.« Thorbjörg antwortete: »Dann bist du klüger, als ich erwartet hatte.« Gudrid erwiderte: »Dieses Lied und dieses Wissen sind für die Menschen nicht gut, denn ich bin Christin.« Thorbjörg sagte: »Aber vielleicht kannst du den Leuten damit helfen, ohne dadurch selbst schlechter zu werden. Ich überlasse es Thorkel, mir alles zu besorgen, was ich brauche.« Thorkel setzte Gudrid so lange zu, bis sie sich geschlagen gab. Die Frauen ließen sich im Kreis um Thorbjörgs Zauberstuhl nieder. Und Gudrid sang so schön, daß jede glaubte, niemals schöneren Gesang gehört zu haben. Die Seherin dankte ihr für das Lied und sagte, es habe viele Geister herbeigerufen, die sie verlassen hatten, weil sie ihr nicht mehr untertan sein wollten. Jetzt aber seien sie zurückgekehrt, weil ihnen das Lied so gut gefallen habe. »Denn sie hatten sich von uns abwenden und keinen Gehorsam mehr erweisen wollen. Aber jetzt kann ich viele Dinge sehen, die mir und anderen bisher verborgen waren. Und dir, Thorkel, kann ich sagen, daß das Mißjahr mit dem Winter enden und daß es mit dem Frühling besser werden wird. Die Seuche, die schon so lange wütet, wird auch bald verschwinden. Doch du, Gudrid, sollst gleich für deine

Hilfe belohnt werden, denn dein Schicksal liegt mir jetzt klar vor Augen. Du wirst hier in Grönland einen angesehenen Gatten finden. Aber du wirst dich nicht lange seiner freuen können, denn deine Wege führen nach Island, und dort werden dir große und gute Nachkommen erstehen. Über ihnen strahlt so helles Licht, daß es mich blendet. Und jetzt, leb wohl, meine Tochter.«

Danach fragten die anderen die Seherin nach allem, was ihnen wichtig war. Die beantwortete bereitwillig alle Fragen und irrte sich nur in wenigen Dingen. Danach wurde sie auf einen anderen Hof geholt. Nun wurde auch Thorbjörn benachrichtigt, denn er hatte nicht im Haus sein wollen, solange dort diese heidnischen Dinge betrieben wurden.

Im Frühling besserte sich das Wetter, wie Thorbjörg es verheißen hatte. Thorbjörn machte sein Schiff bereit und segelte nach Brattahlið. Eirik begrüßte ihn herzlich und freute sich über sein Kommen. Im Frühling gab er Thorbjörn Land bei Stokkenes, und Thorbjörn ließ dort einen großen Hof errichten und siedelte sich dort an.

## V.

Eiriks Frau hieß Thjodhild, und die beiden hatten zwei Söhne. Der eine hieß Thorstein, der andere Leif. Beide waren tüchtige Männer. Thorstein war zu Hause bei seinem Vater, und es gab auf ganz Grönland keinen ebenso vielversprechenden jungen Mann wie ihn.

Leif war nach Norwegen gesegelt und bei König Olav Tryggvassohn in Dienst getreten. Als Leif einmal im Sommer Grönland verließ, verschlug es ihn auf die Hebriden. Er mußte lange auf besseres Wetter warten, und deshalb blieb er den ganzen Sommer dort. Leif verliebte sich in eine vornehme Frau, die Thorgunna hieß. Aber er erkannte auch, daß Thorgunna zauberkundig war. Als Leif sich zur Abreise bereit machte, bat Thorgunna ihn, sie mitzunehmen. Leif fragte, ob ihre Sippe damit einverstanden sei. Sie antwortete, das sei ihr egal. Leif sagte, mit seiner geringen Mannschaft könne er keine vornehme Frau aus einem unbekannten Land entführen. Thorgunna antwortete: »Ich glaube nicht, daß du wohlberaten bist.« – »Ich will es darauf ankommen lassen«, sagte Leif. »Dann sage ich dir«, erwiderte Thorgunna, »daß ich nicht mehr allein bin, denn ich bin schwanger und zwar von dir. Und ich glaube, daß ich einen Knaben gebären werde. Da dich das alles nicht kümmert, werde ich ihn großziehen und zu dir nach Grönland schicken, sobald er mit den anderen Männern segeln kann. Ich glaube auch, daß dir dein Sohn zu ebenso großem Nutzen gereichen wird wie jetzt unsere Trennung. Aber auch ich selber werde vor meinem Tod noch nach Grönland kommen.«

Leif gab ihr einen Fingerring, einen grönländischen Mantel und einen Gürtel aus Walroßzähnen. Der Knabe kam später nach Grönland und nannte sich Thorgils. Leif erkannte ihn als Sohn an, und manche sagten, dieser Thorgils sei im Sommer vor den Froda-Wundern[7] nach Island gekommen. Später kam er jedoch nach Grönland, und sein Leben lang hielten viele ihn für ein wunderliches Wesen.

Leif und seine Leute verließen die Hebriden und kamen im Herbst nach Norwegen. Leif wurde in die Dienste von König Olaf Tryggvassohn genommen, da dieser ihn für einen tüchtigen Mann hielt. Einmal kam der König mit Leif ins Gespräch und fragte: »Willst du in diesem Sommer nach Grönland segeln?« Leif erwiderte: »Das will ich wohl, wenn es Euer Wunsch ist.« Der König sagte: »Ich halte das für eine gute Idee. Du sollst in meinem Auftrag fahren, um auf Grönland das Christentum zu verkünden.« Leif sagte, er wolle es gern versuchen, glaube aber nicht, daß dieses Unternehmen auf Grönland Erfolg haben könne. Der König meinte, niemand sei besser für diese Aufgabe geeignet als Leif: »Und das Glück wird mit dir sein.« – »Es wird nur dann mit mir sein«, antwortete Leif, »wenn Euer Glück mich begleitet.«

Leif stach sobald wie möglich in See, segelte lange und kam zu Ländern, von denen er vorher nie gehört hatte. Dort sah er Weizenfelder, die niemand bestellt hatte. Weinranken wuchsen, und Ahornbäume fand er dort. Von allem nahmen sie etwas mit. Einige Bäume waren so groß, daß man sie zum Hausbau verwenden konnte. Leif fand Menschen auf einem Wrack, brachte sie nach Hause und besorgte ihnen für den Winter ein Obdach. Er zeigte immer Edelmut und Güte und wurde Leif der Glückliche genannt.

Er landete im Eiriksfjord und ging heim nach Brattahlið, wo er in Ehren empfangen wurde. Sofort verkündete er das Christentum als allgemeinen Glauben, überbrachte die Botschaft des Königs und sagte, wieviel Herrlichkeit und Freude dieser Lehre folgten. Eirik

wollte seinen alten Glauben nicht aufgeben, Thjodhild dagegen schloß sich gleich dem neuen an und ließ
nicht allzu nah bei den Häusern eine Kirche bauen.
Diese Kirche wurde Thjodhilds Kirche genannt. Dort
sprach sie ihre Gebete, zusammen mit allen anderen,
die das Christentum angenommen hatten. Thjodhild
wollte nun nicht mehr in ehelicher Gemeinschaft mit
Eirik leben, und das betrübte diesen sehr.

Inzwischen war viel die Rede davon, nach dem Land
zu suchen, das Leif gefunden hatte. Am eifrigsten setzte
sich Thorstein Eirikssohn dafür ein, ein guter und klu-
ger Mann, der viele Freunde hatte. Auch Eirik wurde
um seine Begleitung gebeten, denn alle glaubten,
ihm sei das Glück am meisten hold. Lange weigerte er
sich, aber endlich gab er dem Drängen seiner Freunde
nach. Danach wurde das Schiff bereit gemacht, mit
dem Thorbjörn gekommen war. Zwanzig Mann wollten sich auf den Weg machen. Sie nahmen nur wenig
Geld mit, jedoch viele Waffen und Lebensmittel.

Als Eirik sein Haus verließ, nahm er einen kleinen, mit
Gold und Silber gefüllten Kasten mit, versteckte ihn
gut und ritt dann weiter. Doch als er ein Stück Weges
gekommen war, fiel er vom Pferd. Er brach sich einige
Rippen, verletzte sich die Schulter und sagte: »Ach,
ach.« Dann ließ er seine Frau bitten, das verborgene
Gold zu holen. Denn er glaubte, er müsse büßen, weil
er es versteckt hatte.

Dann segelten sie hoffnungsvoll vom Eiriksfjord aus
los. Lange trieben sie auf dem Meer umher und konnten das gewünschte Fahrwasser nicht finden. Sie bekamen Island und Vögel aus Irland zu Gesicht. Im Herbst

segelten sie zurück und waren müde und sehr er-
schöpft. Im Winter erreichten sie den Eiriksfjord. Da
sagte Eirik: »Im Sommer, als ihr uns verlassen habt,
wart ihr fröhlicher als jetzt, und doch steht uns noch
viel Freude bevor.« Thorstein antwortete: »Das ist
jetzt die Hauptsache, den Leuten zu helfen, die sich
selbst nicht helfen können und sie für den Winter zu
beherbergen.« Eirik antwortete: »Da hast du recht.«
Alle, die keine andere Unterkunft hatten, gingen mit
Eirik und Thorstein nach Brattahlið und verbrachten
dort den Winter.

## VI.

Jetzt ist davon zu berichten, daß Thorstein Eirikssohn
um Gudrid Thorbjörnstochter freite. Sein Antrag
wurde von ihr und auch von ihrem Vater gern angenommen. Im Herbst fand dann auf Brattahlið die
Hochzeit statt. Zu diesem Gelage wurden viele Gäste
eingeladen. Thorstein besaß in der Westsiedlung den
Hof Lysefjord. Die eine Hälfte dieses Hofes gehörte
einem Mann, der ebenfalls Thorstein hieß. Seine Frau
hieß Sigrid. Im Herbst reisten Thorstein und Gudrid
nach Lysefjord. Sie wurden freundlich empfangen und
verbrachten dort den Winter.
 Im frühen Winter brach auf dem Hof eine Seuche
aus. Der Hofverwalter hieß Gardi, er war ein unfreund-
licher Mann und erkrankte und starb als erster. Schon
bald griff die Seuche auf andere über, die ebenfalls
starben. Die Seuche ergriff auch Thorstein Eirikssohn
und Sigrid, die Frau des anderen Thorsteins. Eines

Abends wollten sie zu dem gegenüberliegenden Haus gehen. Gudrid begleitete Sigrid und als sie sich wieder der Tür zuwandten, rief Sigrid: »O!« Gudrid sagte: »Wir sind unvorsichtig gewesen, denn du hast keine Widerstandskraft gegen das kalte Wetter. Laß uns so schnell wie möglich ins Haus gehen.« Sigrid antwortete: »Ich kann nicht weitergehen, denn vor der Tür sind alle Toten versammelt und unter ihnen erkenne ich auch meinen Gatten Thorstein und er erkennt mich. Schmerzlich ist solch ein Anblick!« Und als die Vision verschwunden war, sagte sie: »Laß uns jetzt gehen, Gudrid, jetzt sehe ich sie nicht mehr.« Auch der Verwalter war verschwunden, doch vorher hatte sie geglaubt, ihn mit einer Peitsche in der Hand dastehen zu sehen, mit der er die Versammelten schlagen wollte. Sie gingen ins Haus und bevor der Morgen kam, war Sigrid tot. Sie zimmerten einen Sarg für die Leiche.

Am selben Tag wollten die Männer fischen fahren und Thorstein begleitete sie an den Strand. Bei Eindruck der Dunkelheit ging er hin, um ihren Fang zu sehen. Da sandte Thorstein Eirikssohn seinem Namensbruder die Botschaft, daß er zu ihm kommen solle, denn er befürchtete Schlimmes, da Sigrid aufstehen und in sein Bett steigen wolle.

Als er ins Haus kam, saß Sigrid auf der Bettkante. Er packte sie und hielt ihr die Axt an die Brust. Thorstein Eirikssohn starb an diesem Abend. Der Bauer Thorstein bat Gudrid, sich hinzulegen und zu schlafen, er wollte während der Nacht bei den Toten wachen. Sie tat wie ihr geheißen.

Bald war sie eingeschlafen. Doch schon nach kurzer Zeit erhob sich Thorstein Eirikssohn und bat, Gudrid zu ihm zu bringen, denn er habe mit ihr zu reden. »Gott will, daß uns diese Frist gegeben werde, zur Erlösung und zur Buße.« Thorstein weckte Gudrid und bat sie, das Kreuz zu schlagen und Gott um Seine Hilfe zu bitten: »Eben hat Thorstein Eirikssohn mit mir gesprochen, er will dich sehen. Entscheide selber, ich kann dir keinen Rat geben.« Sie antwortete: »Es kann sein, daß dieses wunderbare Ereignis zu Dingen führt, an die man später noch denken wird. Ich hoffe auf Gottes Schutz. Ich werde im Vertrauen auf Gott zu ihm gehen und mit ihm reden, denn meinem Unglück könnte ich doch nicht entfliehen, und ich möchte nicht, daß der Tote keine Ruhe findet. Eine Ahnung sagt mir, daß das sonst der Fall sein wird.«

Gudrid ging also zu Thorstein Eirikssohn und hatte den Eindruck, daß er weinte. Er flüsterte ihr einige Worte ins Ohr, die nur sie allein hören konnte, dann sagte er so laut, daß es alle hören konnten, daß die selig seien, die treu am Glauben hielten, denn mit dem Glauben folgten Gnade und Hilfe. Er sagte aber auch, daß viele es schlecht mit dem Glauben hielten: »Ist es nicht eine Schande, daß die Toten hier auf Grönland mit spärlichem Gesang in ungeweihter Erde begraben werden, da doch hier das Christentum verkündet worden ist? Ich will, daß ihr mich und alle anderen, die gestorben sind, zur Kirche tragt, aber Gardis Leiche sollt ihr schleunigst auf einem Holzstoß verbrennen, denn sie enthält alle Gespenster, die im letzten Winter hier gewesen sind.«

Er erzählte ihr auch von ihrer eigenen Zukunft , die großartig ausfallen werde; er warnte sie jedoch davor, einen Grönlander zu heiraten. Er bat sie, ihr Gut der Kirche und den Armen zu geben. Dann sank er zum zweiten Mal tot auf sein Lager.

Seit das Christentum nach Grönland gekommen war, wurden dort die Toten in ungeweihter Erde begraben. Dann wurde ihnen ein Pfahl auf die Brust gestellt, und wenn ein Geistlicher kam, wurde der Pfahl herausgezogen. Dann gossen sie Weihwasser hinein und sangen Grablieder, auch bei Toten, die schon lange in der Erde lagen.

Die Leichen wurden in die Kirche am Eiriksfjord gebracht, und die Priester sangen über ihnen die Grablieder. Nach Thorbjörns Tod fiel aller Besitz Gudrid zu. Eirik nahm sie zu sich und sorgte gut für sie.

## VII.

Ein Mann hieß Thorfinn Karlsefni, er war der Sohn von Thord Hestehovde, der im Norden in Reynines am Skagafjord lebte, an dem Ort, der heute Stad heißt. Er kam aus vornehmer Sippe und war ein wohlhabender Mann. Seine Mutter hieß Thorunn. Thorfinn zog auf Handelsreise und galt als tüchtiger Kaufmann. In einem Sommer machte er sein Schiff bereit, um nach Grönland zu fahren. Insgesamt vierzig Mann begleiteten sie, zu denen auch Snorri Thorbrandssohn aus Alftafjord gehörte. Ein Mann hieß Bjarni Grimolfssohn. Er stammte vom Breiðafjord, ein weiterer war Thorhall aus den Ostfjorden, und sie machten im selben Sommer wie Karlsefni ihre Schiffe bereit, um nach Grönland zu fahren. Auch sie waren insgesamt zu vierzig Mann. Als sie mit allen Vorbereitung fertig waren, stachen sie in See. Es ist nicht bekannt, wie lange sie unterwegs waren, aber es ist zu berichten, daß beide Schiffe im Herbst den Eiriksfjord erreichten.

Eirik und andere Landbewohner ritten zu den Schiffen, wo es zu einem lebhaften Handel kam. Die Steuerleute boten Eirik an, sich von den Waren auszusuchen, was er haben wollte. Eirik erwiderte diese Großzügigkeit, indem er alle für den Winter zu sich nach Brattahlið bat. Die Kaufleute nahmen das Angebot an und ritten mit ihm los. Später wurden auch ihre Waren nach Brattahlið gebracht. Dort gab es genug große Vorratshäuser, in denen sie aufbewahrt werden konnten.

Den Kaufleuten gefiel es gut bei Eirik. Doch als es auf Weihnachten zuging, wurde Eirik schweigsamer, als sie es von ihm gewohnt waren. Eines Tages kam Karlsefni mit Eirik ins Gespräch und fragte: »Bedrückt dich etwas, Eirik? Mir scheint, daß du schweigsamer geworden bist. Du bist uns mit der größten Freigebigkeit entgegengekommen, und es ist unsere Schuldigkeit, dich mit allem zu belohnen, was wir besitzen. Jetzt aber sage mir, was der Grund deiner Betrübnis ist.« Eirik antwortete: »Ihr habt das, was wir haben, auf höfliche und geziemende Weise angenommen. Doch ihr sollt bei unserem Handel nicht zu kurz kommen. Was mich betrübt, ist folgendes: Daß ihr, wenn ihr an andere Orte kommt und danach gefragt werdet, sagen könntet, daß ihr nie ein schlechteres Weihnachtsgelage gehabt habt, als bei Eirik dem Roten auf Brattahlið auf Grönland.« Karlsefni antwortete: »Fürchte das nicht. Wir haben auf dem Schiff Malz und Korn, und ihr könnt davon nehmen, was ihr wollt, um ein Fest zu veranstalten, wie es einem vornehmen Mann gebührt.«

Eirik dankte ihm. Dann wurde ein so üppiges Weihnachtsfest gehalten, wie es in einem so armen Land niemand für möglich gehalten hätte.

Nach Weihnachten hielt Karlsefni bei Eirik um Gudrid an, weil er sie für eine schöne und kluge Frau hielt und glaubte, Eirik habe in der Sache mitzureden. Eirik antwortete, er gebe gern seine Zustimmung, da Gudrid einen guten Gatten verdient habe. »Vermutlich wird sie nur ihr Schicksal erfüllen, wenn sie den heiratet, von dem wir alle nur Gutes gehört haben«, sagte er. Dann wurde Gudrid gefragt und sagte, daß sie Eiriks Rat gern befolgen werde. Sie wurden also verlobt, das Weihnachtsgelage wurde verlängert, und die beiden feierten Hochzeit. In diesem Winter war die Freude auf Brattahlið groß. Sie spielten Brettspiele, erzählten Schwänke und unterhielten sich, wie das im Haus eben möglich ist.


# VIII.


In Brattahlið war damals viel die Rede von Vinland dem Guten, es hieß, dort könne fruchtbares Land gewonnen werden. Am Ende machten Karlsefni und Snorri ihr Schiff bereit, um sich im Sommer auf die Suche nach Vinland zu machen. Auch Bjarni und Thorhall bereiteten ihr Schiff und ihre Mannschaft auf diese

Reise vor. Ein Mann namens Thorvard war mit Eiriks unehelicher Tochter Freydis verheiratet. Er begleitete die anderen, wie auch Eiriks Sohn Thorvald und Thorhall, der »der Weidmann« genannt wurde. Dieser hatte Eirik auf dessen sommerlichen Jagdzügen begleitet, und im Winter war er Eiriks Vogt gewesen. Thorhall war ein großer Mann mit schwarzen Haaren. Er glich einem Riesen. Er war schweigsam, und wenn er sprach, dann waren es böse Worte, und immer trieb er Eirik zu schlechten Taten an. Er war ein schlechter Christ, wurde von wenigen geliebt, aber Eirik hatte ihn gern. Er war mit Thorvard und Thorvald auf einem Schiff, denn er kannte sich mit Einöden aus. Sie segelten das Schiff, mit dem Thorbjörn nach Grönland gekommen war. Sie schlossen sich Karlsefni und seinen Leuten an und die meisten von ihnen waren Grönländer. Insgesamt waren hundertsechzig Mann auf den Schiffen.

Sie segelten zuerst zur Westsiedlung und von dort nach Björney. Von dort segelten sie zwei Tage in südlicher Richtung. Sie fanden ein Land, ruderten in Booten hin und untersuchten es. Sie fanden dort viele flache Steine, von denen manche so flach waren, daß sie Raum für zwei Männer boten. Es gab auch viele Füchse. Sie nannten das Land Helluland, Flachsteinland.

Von dort segelten sie weiter in südlicher Richtung, und dann lag Land vor ihnen, das mit großen Wäldern bedeckt war, in denen sich viele Tiere befanden. Eine Insel lag im Südosten des Landes, und da töteten sie einen Bären und nannten die Insel Björney, Bäreninsel, das Land aber nannten sie Markland, der Wälder wegen.

Als sie wieder zwei Tage lang gesegelt waren, sahen sie Land und fuhren dann weiter die Küste entlang, bis sie an eine Halbinsel kamen. Sie hatten das Land steuerbords, und dort gab es unwegsames Terrain und lange Sandstrände. Sie fuhren mit dem Boot an Land, fanden auf der Halbinsel einen Schiffskiel und nannten die Halbinsel deshalb Kjalarnes, Kielspitze. Sie gaben auch den Stränden Namen und nannten die Küste Furdestrendene, Wunderküste, weil sie so lange an ihr vorbeisegeln mußten. Endlich fanden sie auch Buchten, und in eine brachten sie dann das Schiff.

Damals, als Leif in Diensten König Olaf Tryggvassohns gestanden hatte und von diesem damit beauftragt worden war, Grönland zum Christentum zu bekehren, hatte der König ihm ein schottisches Ehepaar mitgegeben. Der Mann hieß Haki, die Frau Hekja. Der König hatte Leif diese beiden mitgegeben, weil sie sehr schnell laufen konnten, schneller als Hirsche. Sie befanden sich auf Karlsefnis Schiff. Als sie an der Wunderküste vorbeigesegelt waren, wurden die beiden an Land gebracht, sie sollten nach Süden laufen, die Fruchtbarkeit des Landes untersuchen und innerhalb von drei Tagen wieder zurückkehren. Die beiden trugen ein Gewand, das sie »Biafal« nannten, oben hatte es eine Kapuze, an den Seiten war es offen und hatte keine Ärmel, unter den Beinen aber wurde es mit einem Knopf und einer Schlinge zusammengehalten. Ansonsten waren die beiden nackt.

Sie warfen Anker und warteten auf Haki und Hekja, und als die beiden zurückkehrten, da hielt er Weintrauben in der Hand und sie eine Weizenähre. Karlsefni meinte, sie hätten offenbar ein überaus fruchtbares Land gefunden. Sie wurden auf das Schiff genommen, dann segelten sie weiter und erreichten einen Fjord. Vor ihnen lag eine Insel, um die viele Ströme flossen. Sie nannten die Insel Straumey, Strominsel. Auf der Insel wohnten so viele Eiderenten, daß die Leute der Eier wegen kaum die Füße niedersetzen konnten. Sie segelten in den Fjord hinein und nannten ihn Straumfjord. Dann trugen sie die Ladung von den Schiffen an Land und ließen sich dort nieder. Sie hatten alle Arten Vieh bei sich. Sie sahen sich das neue Land an. Es gab dort Berge, und alles, was sie sahen, war schön. Sie untersuchten das Land immer weiter. Es hatte reichen Pflanzenwuchs. Sie verbrachten dort den Winter. Der Winter war streng. Sie hatten im Sommer keinen Vorrat gesammelt, litten unter Lebensmittelknappheit, und die Jagd ergab nichts. Deshalb fuhren sie zur Insel und hofften, dort etwas Jagdbares oder an Land Getriebenes zu finden. Doch da war nichts zu holen, nur ihrem Vieh ging es gut. Sie baten Gott, ihnen Essen zu schicken, aber das geschah nicht so schnell, wie es nötig gewesen wäre.

Thorhall verschwand, und sie suchten ihn drei Tage lang. Am vierten Tag fanden Karlsefni und Bjarni ihn allein auf einem Felsen. Er starrte in die Luft, riß Augen und Mund und Nase auf, kratzte sich, kniff sich und murmelte vor sich hin. Sie fragten, was denn los sei. Er antwortete, das gehe sie nichts an, dann sagte er, sie sollten ihn in Ruhe lassen, er sei alt genug, um selber für sich zu sorgen. Sie baten ihn, mit ihnen nach Hause zu kommen, und er gehorchte.

Bald darauf wurde ein Wal angetrieben, und die Männer gingen hin und zerlegten ihn. Niemand wußte, was für eine Art Wal es sein mochte. Karlsefni wußte Wale wohl zu unterscheiden, doch diese Sorte kannte er nicht. Sie bereiteten den Wal zu und aßen davon, worauf ihnen allen schlecht wurde. Da sagte Thorhall: »Ist es nicht so, daß sich der rotbärtige Thor als zuverlässiger erwiesen hat als euer Christus? Das habe ich für mein Lied bekommen, das ich für Thor gedichtet habe, meinen treuen Freund, der sich nur selten von mir abgewandt hat.« Als die anderen das hörten, warfen sie den Wal ins Meer und baten Gott um Erbarmen.

Im Frühling konnten sie dann wieder fischen und litten keine Not mehr. Sie segelten den Straumsfjord hoch und jagten auf dem Land, fanden auf der Insel Eier und fingen Fische im See.

## IX.

Jetzt sprachen sie darüber, wie es mit ihrer Reise weitergehen sollte. Thorhall Weidmann wollte nördlich an Furdestrende vorbei und über Kjalarnes hinaus fahren, um dort nach Vinland zu suchen, aber Karlsefni wollte nach Süden und zur Ostküste, ihm schien das Land nach Süden hin immer fruchtbarer zu werden, und es erschien ihm ratsamer, es sich genauer anzusehen. Thorhall machte sein Schiff bei der Insel segelfertig und hatte nur neun Mann bei sich. Alle anderen wollten sich Karlsefni anschließen. Und eines Tages, als Thorhall Wasser auf sein Schiff trug, trank er davon und sang folgendes Lied:

*Träger eiserner Waffen*
*sagten als ich hier her kam*
*– Lästern darf ich dieses Land –*
*Wein sei das beste Getränk.*
*Ärmlichen Kahn steuert*
*schwertgewohnter Krieger.*
*Jetzt ist es so, daß ich knie an der Quelle.*
*Kein Wein kam über meine Lippen.*

Dann segelten sie los, und Karlsefni begleitete sie bis
zu den Inseln. Ehe sie die Segel hißten, sang Thorvall
dieses Lied:

*Laßt uns wieder dorthin wenden,*
*wo die Freunde uns wohnen.*
*Falkengleich mag das Schiff*
*breites Meer durchfahren.*
*Während eifrige Krieger*
*loben das öde Land,*
*Fleisch vom Walfisch sich bereiten.*
*Wunderküste ist ihr Heim.*

Dann nahmen sie Abschied voneinander, und Thorhall
segelte nordwärts an Furdestrendene und Kjalarnes
vorbei und wollte dann nach Westen steuern. Doch ein
Sturm trieb sie nach Irland, wo sie in Leibeigenschaft
gerieten. Es heißt, daß Thorhall dort sein Leben lassen
mußte.

# X.

Karlsefni fuhr zusammen mit Snorri, Bjarni und den anderen aus deren Gefolgschaft südwärts an der Küste entlang. Sie segelten lange, bis sie einen Fluß erreichten, der hoch vom Land her kam und durch einen See ins Meer floß. An der Flußmündung lagen so viele Sandbänke, daß sie nur bei Flut in den Fluß hineinsegeln konnten. Karlsefni und seine Genossen segelten dann in die Flußmündung und nannten das Land Hop. Dort fanden sie Weizenfelder, die niemand bestellt hatte. In den Niederungen aber wuchsen auf allen Hügeln Weinstöcke, und jeder Bach war voll von Fischen. Dort, wo die Flut am Strand ihren höchsten Stand erreichte, machten sie Gruben, und bei Ebbe fanden sie in diesen Gruben Heilbutt. In den Wäldern gab es Tiere der verschiedensten Arten. Sie verbrachten dort einen halben Monat. Sie waren guter Dinge und bemerkten nichts Besorgniserregendes. Ihr Vieh hatten sie bei sich.

Doch als sie sich an einem frühen Morgen umschauten, entdeckten sie neun Lederkähne, und Stangen wurden auf den Kähnen geschwungen. Es klang wie das Dreschen von Korn, und die Stangen wurden mit der Sonne geschwenkt. Karlsefni fragte: »Was mag das bedeuten?« Snorri antwortete: »Vielleicht sind es Friedenszeichen. Laßt uns einen weißen Schild nehmen und ihnen entgegengehen.« Und das taten sie. Die anderen ruderten ihnen entgegen, wunderten sich und stiegen an Land. Es waren kleine Leute. Sie sahen bösartig aus und auf dem Kopf hatten sie struppiges Haar.

Ihre Augen waren groß und ihre Wangen breit. Sie blieben eine Weile voller Verwunderung stehen, dann ruderten sie südwärts fort und um die Halbinsel herum.

Karlsefni und seine Leute hatten sich oberhalb des Sees ihre Hütten gebaut, einige dicht am Wasser, einige weiter entfernt. Dort verbrachten sie den Winter. Es kam kein Schnee, und das Vieh fand im Freien genug Nahrung.

# XI.

Als der Frühling kam, entdeckten sie eines Morgens viele Lederkähne, die um die Halbinsel gerudert kamen; so viele, daß sie aussahen wie treibende Kohlenstücke, und auf jedem Kahn wurden Stangen geschwungen. Nun schwenkten sie ihre Schilder, und als sie zusammenkamen, fingen sie an miteinander zu handeln. Die Leute wollten am liebsten rotes Tuch. Sie gaben dafür allerlei Felle. Sie wollten auch Schwerter und Spieße kaufen, aber das mochten Karlsefni und Snorri nicht zulassen. Sie gaben ein unverbliches Fell für ein Stück Tuch. Für ein ganzes Fell erhielten sie ein spannenlanges Stück Tuch und banden sich dies um den Kopf. So ging es eine Weile weiter. Als das Tuch zu Ende ging, schnitten die Grönländer die Reste in Streifen, die nicht breiter als ein Finger waren. Die Skrälinger gaben dafür ebensoviel oder sogar noch mehr.

Doch dann kam ein Stier, der Karlsefni gehörte, aus dem Wald und brüllte laut. Die Skrälinger erschraken so sehr, daß sie zu ihren Kähnen stürzten und an der

Küste entlang nach Süden ruderten. Drei Wochen lang ließen sie sich nicht mehr sehen. Danach jedoch sahen sie von Süden her viele Boote der Skrälinger kommen, in einer solchen Menge, daß es wie ein Strom aussah. Sie schwenkten die Stangen gegen die Sonne, und alle Skrälinger heulten laut. Karlsefnis Leute nahmen rote Schilde und liefen ihnen damit entgegen. Die Skrälinger sprangen aus ihren Kähnen. Dann trafen sie aufeinander und kämpften. Die Pfeile hagelten nur so auf sie ein. Die Skrälinger hatten auch Schleudern. Karlsefni und Snorri sahen, daß sie eine Kugel auf die Stangen hoben, die fast so groß wie ein Schafsmagen war und blau aussah, und daß sie sie von den Stangen auf Karlsefnis Leute schleuderten. Es klang schrecklich, wenn diese Kugeln zu Boden fielen. Karlsefni und seine Leute erschraken so sehr, daß sie nur noch weg wollten, denn sie glaubten zu sehen, daß die Skrälinger von allen Seiten herbeiströmten. Sie hielten erst an, als sie bei einigen Felsen angekommen waren. Dort leisteten sie heftigen Widerstand.

Freydis kam heraus und sah, daß ihre Leute flüchteten. Sie rief: »Warum lauft ihr vor so verächtlichen Wichten davon, ihr trefflichen Männer? Mir scheint, ihr müßtet sie wie Vieh töten können, und wenn ich eine Waffe trüge, würde ich sie gewiß besser führen können, als irgend jemand von euch.« Sie achteten nicht auf das, was Freydis sagte. Freydis wollte ihnen folgen, aber sie konnte nur langsam gehen, denn sie war schwanger. Doch ging sie ihnen in den Wald nach, und die Skrälinger verfolgten sie. Sie fand vor sich einen Toten, Thorbrand Snorrissohn, und in seinem

Kopf steckte ein flacher Stein. Das Schwert lag neben ihm, und sie hob es auf und wollte sich damit wehren. Da kamen die Skrälinger auf Freydis zu. Sie zog die Brüste unter dem Hemd hervor und schlug mit dem flachen Schwert darauf. Die Wilden erschreckten, liefen auf ihre Schiffe und fuhren davon.

Karlsefni und seine Gefährten kamen zu Freydis und priesen ihr Glück. Sie hatten zwei Männer verloren, die Skrälinger aber vier. Trotzdem waren Karlsefnis Leute von der Übermacht überwältigt worden.

Sie gingen zu ihren Häusern und überlegten, wer die vielen Männer gewesen sein mochten, die sie auf dem Lande angegriffen hatten. Sie glaubten jetzt, daß nur die dort gewesen waren, die von den Schiffen gekommen waren, die anderen Leute jedoch nur ein Trugbild gewesen seien.

Die Skrälinger fanden einen Toten, neben dem eine Axt lag. Einer von ihnen nahm sie auf und hieb in einen Baum, und ebenso taten es die anderen. Die Axt erschien ihnen als großer Schatz mit scharfer Schneide. Darauf nahm einer sie und schlug sie gegen einen Stein, und sie zersprang. Nun hielten sie sie für wertlos, da sie so zerbrechlich war, und warfen sie fort.

Karlsefni und seine Leute glaubten nun, daß das Land zwar fruchtbar sei, sie dort aber immer in Unfrieden und Angst leben würden vor denen, die vor ihnen dort gewohnt hatten. Deshalb brachen sie auf und wollten in ihre Heimat zurückkehren. Sie segelten nach Norden und fanden fünf Skrälinger in Fellkleidern schlafend. Sie hatten Gefäße, die eine Mischung aus Tiermark und Blut enthielten. Sie meinten, die Skrälinger müßten aus ihrem Land verbannt worden sein. Sie erschlugen sie. Dann kamen sie an eine Halbinsel, und dort waren viele Tiere, so daß die Halbinsel wie ein Misthaufen aussah, wenn die Tiere nachts dort lagen.

Sie kamen nun zum Straumsfjord und hatten dort an allem Überfluß. Nun sagen manche, daß Bjarni und Gudrid mit hundert Leuten zurückgeblieben und nicht weitergekommen seien, daß aber Karlsefni und Snorri mit vierzig Mann nach Süden gefahren seien und nur zwei Monate in Hop zugebracht hätten und dann im selben Sommer zurückgekommen seien.

Karlsefni fuhr mit einem Schiff los, um Thorhall Weidmann zu suchen, die anderen blieben zurück. Sie fuhren nordwärts nach Kjalarnes und wurden dann nach Westen getrieben. Links vom Schiff lag Land. Dort standen nur Wälder, und als sie lange gefahren waren, kam ein Fluß vom Land und floß von Osten nach Westen. Sie fuhren in die Mündung hinein und legten am südlichen Ufer an.

## XII.

Da geschah es eines Morgens, daß Karlsefni und seine Leute auf einer Lichtung einen glänzenden Fleck sahen, und sie liefen dorthin. Der Fleck bewegte sich, denn es war ein Einfüßler, der sich nach dem Flußufer schob, auf dem sie lagen. Der Sohn Eiriks des Roten, Thorvald, saß am Steuer. Da schoß ihm der Einfüßler einen Pfeil in den Leib. Thorvald zog den Pfeil heraus und sagte: »Fett habe ich um die Eingeweide. Ein gutes Land haben wir gefunden. Doch wenig Freude wird es uns bereiten.« Bald darauf starb Thorvald an dieser Wunde. Der Einfüßler lief nordwärts. Karlsefni und seine Leute verfolgten ihn und sahen ihn zuweilen, während er zu entkommen versuchte, doch zuletzt verschwand er in einer Bucht. Da wandten sie sich um, und ein Mann trug dieses Lied vor:

*Männer folgten*
*– wahr ist dieses –*
*dem Einfüßler*
*bis an die Küste.*
*Ein seltsamer Mann*
*suchte die Flucht.*
*Groß war sein Eifer.*
*Hör dies, Karlsefni.*

Sie fuhren dann fort und glaubten, das Einfüßlerland zu sehen. Sie wollten sich aber keiner weiteren Gefahr aussetzen. Sie glaubten, dieselben Berge zu sehen wie bei Hop, weshalb es von beiden Orten gleich weit bis zum Straumsfjord sein müsse.

Sie fuhren zurück und verbrachten den dritten Winter am Straumsfjord. Die Männer entzweiten sich sehr, denn die Unverheirateten suchten Streit mit den Verheirateten. Im ersten Herbst war Snorri, Karlsefnis Sohn, geboren worden, und als sie fortfuhren, war er drei Winter alt.

Sie hatten Südwind und erreichten Markland, wo sie auf fünf Skrälinger stießen. Einer von ihnen hatte einen Bart, und bei sich hatte dieser Mann zwei Frauen und zwei Kinder. Karlsefnis Leute fingen die Knaben, die anderen entkamen und versanken in der Erde. Sie nahmen die Knaben mit sich, lehrten sie ihre Sprache und ließen sie taufen. Sie nannten ihre Mutter Vätildi und ihren Vater Vägi. Sie sagten, ihr Land werde von zwei Königen regiert, der eine heiße Avaldamon, der andere Valdidida. Sie sagten, sie hätten bei sich zu Hause keine Häuser, sondern schliefen in Höhlen oder Löchern. Sie sagten auch, auf der anderen Seite ihres Landes liege ein Land, wo die Leute weiße Kleider anhätten, laut schrien und Stangen trügen. Das, meinten die Leute, müsse Hvitramannaland[8] sein, das »Land der weißen Männer« oder das große Irland.

Dann kamen sie nach Grönland und verbrachten den Winter bei Eirik dem Roten.

## XIII.

Bjarni Grimolfssohn wurde in das grönländische Meer getrieben und geriet in einen Wurmsee. Sie merkten es erst, als das Schiff von den Würmern zerfressen war. Sie berieten die Lage. Sie hatten ein Boot mit sich, dessen Bretter mit Seehundstran bestrichen waren, und angeblich greifen Würmer solches Holz nicht an. Sie wollten in dieses Boot umsteigen, aber als sie sahen, daß es nicht groß genug für sie alle war, sagte Bjarni: »Da das Boot nicht mehr als die Hälfte bergen kann, so schlage ich vor, daß wir nach dem Los entscheiden, wer im Boot mitfährt, und nicht nach dem Ansehen.« Allen erschien das als mannhaftes Angebot, und niemand widersprach. Sie folgten Bjarnis Vorschlag, und es ergab sich, daß Bjarni mit im Boot fahren sollte, zusammen mit der Hälfte der Mannschaft. Als sie im

Boot waren, sagte ein junger Isländer, der auf dem Schiff zurückgeblieben war: »Willst du von mir scheiden, Bjarni?« Bjarni antwortete: »Ja, so muß es sein.« Der Isländer sagte: »Als ich zusammen mit dir Island verlassen habe, hast du meinem Vater eine andere Antwort gegeben. Damals hast du gesagt, wir würden immer dasselbe Schicksal teilen.« Bjarni sagte: »So sei es denn: Geh du ins Boot, und ich bleibe auf dem Schiff, ich sehe ja, wie gern du dein Leben retten willst und wie sehr du den Tod scheust.« Der Isländer ging ins Boot, Bjarni ging auf das Schiff, und die meisten Leute glauben, daß Bjarni und seine Leute im Wurmsee untergegangen sind, denn niemand hat je wieder von ihnen gehört. Aber das Boot fuhr mit den anderen Leuten seinen Weg, und sie kamen ans Land und berichteten dies alles.

## XIV.

Im nächsten Sommer fuhr Thorfinn Karlsefni zusammen mit seiner Gattin Gudrid nach Island, und sie begaben sich auf seinen Hof Reynines. Seine Mutter war mit seiner Heirat nicht zufrieden, weshalb sie den ersten Winter nicht zu Hause verbrachte. Doch später sah sie, daß Gudrid eine tüchtige Frau war, und deshalb zog sie zu ihnen, und sie lebten in Frieden miteinander.

Snorri Karlsefnissohns Tochter war Hallfrid, die Mutter des Bischofs Thorlak Runolfssohn. Sie (Karlsefni und Gudrid) hatten auch einen Sohn namens Thorbjörn, dessen Tochter hieß Thorunn und deren Sohn war Bischof Björn. Ein Sohn von Snorri Karlsefnissohn hieß Thorgeir, er war der Vater von Ingvild, der Mutter von Bischof Brand dem Ersten.

Und somit schließt diese Saga.

# Anmerkungen
## zur deutschen Ausgabe

1 Der Königsspiegel ist eine mittelalterliche norwegische Textsammlung, verfaßt von einem Geistlichen, in denen die Rechte und Pflichten des Königs und der einzelnen Stände beschrieben werden.

2 »Scheibe oder Kugel als Schwungrad einer Handspindel« (nach: Wahrig).

3 Vin bedeutet in den nordischen Sprachen »Wein«, es gibt jedoch auch die Silbe »vin«, die in Ortsnamen auftritt (Bjørgvin = Bergen in Norwegen; Vinje o. ä.) und die von der Ortsnamenforschung auf ein altes nordisches Wort für »Gras« zurückgeführt wird. In der gesprochenen Sprache nicht mehr auffindbar, nur in Orts- und Flurnamen erhalten.

4 Irischer Mönch (* um 486, † 577), als Heiliger verehrt, wenn auch von Rom nie offiziell kanonisiert; Klostergründer mit eifriger Reisetätigkeit. Die ihm zugeschriebene »Navigaito Santi Bendani Abatis« (Seereise des heiligen Abtes Brendan), deren erste erhaltene Abschrift aus dem 9. Jahrhundert stammt, schildert eine von Brendan und einigen anderen Möchen unternommene Seereise, die sie in einem *Currach* (einem mit Häuten bespannten Boot) nach Westen führte. Dort stießen sie u. a. an eine Küste, an der wilder Wein wuchs, und auf eine märchenhafte Insel, die Brendan »Insel

Brassil« nannte. Die Navigatio wurde im 11. Jahrhundert ins Französische übersetzt, Übersetzungen ins Deutsche, Englische, Flämische und in viele andere Sprachen folgten, sie war im Mittelalter eines der meistverbreiteten Bücher, wodurch die Vorstellung der sagenhaften Insel Brassil sich in ganz Europa verbreitete. Irische Historiker und Archäologen haben, dem Beispiel Thor Heyerdahls folgend, mit *Currachs* die in der Navigatio skizzierte Reiseroute nachverfolgt und damit bewiesen, daß es immerhin möglich war, daß Brandan und seine Mönche bereits im 6. Jahrhundert n. Chr. die neufundländische Küste erreicht haben.

5 Alba ist im Gälischen der Name für Schottland, damit verwandt ist der name »Albion« für England. Die Herkunft dieses Namens ist unklar, viele Sprachforscher führen ihn auf die *Pikten* zurück, eine der frühen britischen Bevölkerungsgruppen, von der so gut wie nichts bekannt ist, nicht einmal, wie sie sich selber nannten (man geht davon aus, daß sie von den römischen Invasoren als »die Bemalten« = Pikten bezeichnet wurden, da sie am ganzen Leib tätowiert waren). Für diese Vermutung spricht, daß der erste nachweisbare schottische König, Kenneth MacAlpine (gälisch: Mac an Albannaich) im 4. Jahrhundert sich angeblich wegen seiner piktischen Herkunft den Beinamen »MacAlpine« (Mac = Sohn) zugelegt hat.

6 Die Gelehrten können sich auch heute noch immer nicht einigen, ob es sich bei dem Kensington-Stein um eine Fälschung handelt oder nicht. Einige Fachbücher zum Thema »Frühe Besiedlung Amerikas« führten jedoch geologische Gutachten an, die u. a. von den Staatsgeologen des Staates Minnesota und des Staates Wisconsin, sowie von der Universität Chicago stammen. Die Geologen sagen, sie könnten sich natürlich kein Urteil über die Echtheit der Runen anmaßen, ihnen sei jedoch kein Verfahren bekannt, mit dem eine neue, in einen Stein gemeißelte Inschrift so präpariert

werden kann, daß sie derart verwittert aussieht, als sei sie mehrere Jahrhunderte alt. Daher könne der Kensington-Stein aus geologischer Sicht wohl als echt betrachtet werden.

7 Isländische Quellen berichten, daß kurz vor der Jahrtausendwende über dem Gehöft Froda bei Snæfellsnes Blut vom Himmel fiel, worauf Menschen und Vieh in großer Zahl starben. Dieses Ereignis war so erschreckend, daß mittelalterliche Geschichtsschreiber im Norden es zur Zeitangabe benutzten, also *vor* und *nach* den Froda-Wundern. (Die heutige, eher prosaisch geneigte Forschung vermutet eine Lebensmittelvergiftung.)

8 Hvitramannaland läßt sich ungefähr mit »Weißmännerland« übersetzen. Die altisländische Chronik *Landnamabók* (Landnahmebuch), in der die Besiedlung Islands durch norwegische Wikinger beschrieben wird, erzählt, daß diese Wikinger auf Island eine Siedlung irischer Mönche vorfand. Die Mönche wollten nicht mit den Heiden zusammenleben und deshalb verließen sie das Land, um sich weiter im Westen anzusiedeln. Dabei hinterließen sie Krummstäbe, Glocken und andere christliche Requisiten. Über einen Seefahrer namens Ari Marssohn heißt es später, er sei vom Sturm in das Hvitramannaland verschlagen worden, das sechs Tage westlich von Island in der Nähe von Vinland liege. Hvitramannaland wird bisweilen auch »das große Irland« genannt. In späteren Überlieferungen gilt es als neue Siedlung der aus Island verschwundenen Mönche. Was es mit Hvitramannaland wirklich auf sich hatte und ob es sich hierbei nicht nur um einen Mythos handelt, ist allerdings bis heute völlig ungeklärt.

# Literatur

Adam von Bremen: Gesta Hammaburgensis ecclesiae pontificum, Kopenhagen, 1930, deutsche Ausgabe: Hamburgische
Kirchengeschichte, hrsg. v. Schmeidler-Steinberg, Leipzig,
1926

Almgren, Bertil (u. a.): Vikingene, Oslo, 1991, deutsch: Die Wikinger, Essen, 1978

Barden, Renardo: The Discovery of America, Opposing View-
points, San Diego, 1989

Blegen, Theodore C.: The Kensington Rune Stone, New Light
on an Old Riddle, Minneapolis, 1968

Braun, Esther K. und David O.: The First Peoples of the
Northeast, Lincoln, Mass., 1994

Brøgger, A. W.: Vinlandsferdene, Oslo, 1937, deutsch: Wikinger
entdecken Amerika, Hamburg, 1939

Ceram, C. W.: Der erste Amerikaner. Das Rätsel des vor-kolum-
bischen Indianers, Reinbek, 1972

Fiedel, Stuart J.: Prehistory of the Americas, Cambridge, 1987

Flateyarbók, Christiania 1860–68

Fosmark, Kjellrun/Moe, Åse: Guder, Volfer og Sjamaner, Oslo,
1998

Gathorne-Hardy, G. M.: The Norse Discovery of America. The
Wineland Sagas, Oxford, 1921

226

Granzotto, Gianni: Christopher Columbus, Norman, Oklahoma, 1987, deutsch: Christoph Columbus, Stuttgart, 1985

Grönlandsaga, Die: deutsch von Erich von Mendelssohn, Jena, 1912

Gunnes, Erik: Norges Historie. Rikssamling og Kristning, Oslo, 1997

Hall, Jr. Robert A.: The Kensington Rune Stone. Authentic and Important. Lake Bluff, Ill., 1994

Håvamål. Vikingenes Visdomsord, Oslo, 1994

Henriksen, Vera: Mot en verdens ytterste grense, Oslo, 1988

Herrmann, Paul: Sieben vorbei und acht verweht. Das Abenteuer der frühen Entdeckungen, Hamburg, 1952

Heyerdahl, Thor/Lilliestrøm, Per: Ingen Grenser, Oslo, 1999

Historia Norvegiæ. Den eldste Norges-historia. Oslo, 1950

Ingstad, Anne Stine: Det nye landet med de grønne enger, Oslo, 1975

dies.: The Norse Discovery of America, Bd. 1. Excavations of a Norse Settlement in America, New York, 1977

Ingstad, Helge: Landet under Leidarstjernen. En ferd til Grønlands norrøne bygder, Oslo, 1959, deutsch: Die erste Entdeckung Amerikas, Berlin, 1966

ders.: Oppdagelse av det nye Land, Oslo, 1996

ders.: The Norse Discovery of America, Bd. 2. The Historical Background and the Evidence of the Norse Settlement Discovered in Newfoundland, Oslo, 1985

ders.: Vesterveg til Vinland, Oslo, 1965

Josephy, Jr, Alvin M. (Hrsg.): America in 1492, New York, 1992, deutsch: Amerika 1492. Die Indianervölker vor der Entdeckung, Frankfurt am Main, 1992

Kongespeilet, Oslo, 1983

Kongsspegelen, Oslo, 1976

Mackenzie, Donald A.: Myths of Pre-Columbian America, Kondon, 1923

Milton, John: Das verlorene Paradies, deutsch: Hildesheim, 1976

Mowat, Farley: The Farfarers, Toronto, 1998

Prytz, Kåre: Vestover før Columbus, Oslo, 1990

Roesdahl, Else: Vikingernes Verden, Kopenhagen, 1987

Saga Erichs des Roten, Die: deutsch von Erich von Mendelssohn, Jena, 1912

Storm, Gustav (Hrsg.): Monumenta Historica Norvegiae, Christiania, 1880

Sturluson, Snorre: Norges Kongesagaer, Oslo, 1979

# Bildnachweis

*Vorsatz/Nachsatz:* Karte über die Vinlandfahrten; aus: Helge Ingstad, Die erste Entdeckung Amerikas, Ullstein, Berlin 1966

*Tafel 1:* Bronzener Wikingerhelm (11. Jhdt.), gefunden auf Seeland; Nationalmuseet, Københaven

*Tafel 2 oben:* Das Gokstadschiff (um 890); Museum für nordische Altertümer der Universität Oslo (UKM)

*Tafel 2 unten:* Das Osebergschiff (um 815); ullstein bild

*Tafel 3 oben:* Reich verzierter Bug des Oseberg-Schiffs; Museum für nordische Altertümer der Universität Oslo (UKM)

*Tafel 3 Mitte:* Geschnitzter Kopf aus dem Oseberg-Fund; Museum für nordische Altertümer der Universität Oslo (UKM)

*Tafel 3 unten:* Schnitzarbeit am Oseberg Schiff; Museum für nordische Altertümer der Universität Oslo (UKM) / © Michael Tomkinson

*Tafel 4 oben:* Das Ungeheuer von Ragnarök, Tierkopf vom Oseberg-Fund; Museum für nordische Altertümer der Universität Oslo (UKM) / © Werner Forman

*Tafel 4 Mitte:* Vergoldeter Bronzedrache (8. Jhdt.), gefunden in Schweden; Statens Historiska Museum, Stockholm / © Werner Forman

*Tafel 4 unten:* Drachenkopf von einem Pferdegeschirr (10. Jhdt.), gefunden in Dänemark; Museum für nordische Altertümer der Universität Oslo (UKM) / © Werner Forman

*Tafel 5 von oben nach unten:* Thor, Gott des Donners; Frey, Gott der Fruchtbarkeit; Walküre (mit Streitaxt); © Ted Spiegel / National Geographic, aus: Howard La Fay, The Vikings, National Geographic Society, 1972

*Tafel 5 rechts:* Unbekannte Gottheit mit Hörnerhelm (8. Jhdt.); Nationalmuseet, København / © Werner Forman

*Tafel 6 links:* Runenstein auf der Isle of Man; Manx National Heritage

*Tafel 6 rechts:* Runenstein von Rok, Schweden; Antikvarisk-Topografiska Arkivet, Stockholm

*Tafel 7 oben:* Grundmauern einer Kirche aus dem frühen 14. Jhdt. auf Brattahlid, Grönland; © Ted Spiegel / National Geographic, aus: Howard La Fay, The Vikings, National Geographic Society, 1972

*Tafel 7 unten:* Steinkreuz (11. Jhdt.) auf Kvitsøy vor der Westküste Norwegens; © Ted Spiegel / National Geographic, aus: Howard La Fay, The Vikings, National Geographic Society, 1972

*Tafel 8:* Kopf einer Wikinger-Streitaxt, reich verziert mit Ornamenten (10. Jhdt.); Nationalmuseet, København

MALIK

# Holger Afflerbach
## *Das entfesselte Meer*

Die Geschichte des Atlantik.
359 Seiten durchgehend farbig bebildert. Geb.

Jahrtausendelang begann für die Menschen an den
Ufern des Atlantik das Ende der Welt. Ein mystischer Ort,
bevölkert von Ungeheuern und Göttern, schien er den
Menschen für alle Zeit versperrt. Aber seit dem Zeitalter
der Entdecker wurde der Atlantik zu einer Bühne, auf der
Weltgeschichte spielte. Holger Afflerbach schildert die
atemberaubenden Entdeckungsfahrten, erzählt von Aben-
teurern und Piraten, von Seekriegen und Schatzsuchen, von
Auswanderern und Ozeanriesen. Er spannt dabei einen
kulturgeschichtlichen Bogen von den Anfängen der Antike
bis in die heutige Zeit. Und er macht deutlich, wie sich der
Atlantik von einer Grenze zum Transitmeer entwickelt hat,
durch das die Welt zusammenwächst.

**PIPER**

## Joachim Feyerabend
# *Das Jahrtausend der Orkane*

Warnsignale aus dem Himmel. 293 Seiten. Geb.

Stürme gehören zu den Naturgewalten, die der Mensch nicht
zähmen kann. Wenn ein Orkan tobt und seine Schneisen
schlägt, bleibt dem Menschen nur die Flucht. Woher kommen
die Stürme? Weshalb nimmt ihre Zahl und Zerstörungskraft
weltweit zu? Warum lassen sie sich häufig nicht einmal zuver-
lässig vorhersagen? Joachim Feyerabend beschreibt lebendig
und packend das Wüten der Stürme auf dem Globus. Zahlrei-
che zerstörerische Unwetter hat der passionierte Segler selbst
erlebt. Er wirft einen Blick zurück in die Geschichte und berichtet von den Jahrhundertstürmen auf See und über Land.
Und er erklärt, welche Arten von Stürmen es gibt, wo sie auftreten und wie sie entstehen. So gelingt ihm ein faszinierendes
Buch, das genauso fesselnd wie informativ ist. Doch Feyerabend warnt auch: Die Zahl der Stürme nimmt dramatisch zu.
Wir stehen vor einem Jahrtausend der Orkane...

Chauncey Loomis
*Verloren im ewigen Eis*

Der rätselhafte Tod des Arktisforschers Charles Francis
Hall. Mit einer Einführung von Andrea Barrett. Aus dem
Amerikanischen von Gaby Wurster.
349 Seiten. Mit 15 Abbildungen. Geb.

Im Jahre 1871 erregte ein Todesfall die amerikanische
Öffentlichkeit, der sich viele tausend Kilometer nördlich
zugetragen hatte: Charles Francis Hall, Geschäftsmann
aus Cincinnati, war davon besessen, in der Arktis Überlebende der legendären Franklin-Expedition zu finden und
als erster den Nordpol zu erreichen. Er freundete sich mit
den Eskimo an, die seit Generationen in einer Gegend
lebten, in der so viele Amerikaner und Europäer verschollen
und verhungert waren. Immer wieder kehrte er an die
unwirtlichen Gestade der Arktis zurück – bis er selbst den
Tod fand, so weit nördlich des Magnetpols, daß die
Kompaßnadel nach Süden zeigte.
Fast hundert Jahre später trieb die Frage nach den Um-
ständen von Halls Tod den Forscher Chauncey Loomis in
das Land der Eskimo. Er holte Halls Körper aus seinem
eisigen Grab. Die Spuren, die er dort fand, bestätigten den
Verdacht, daß Hall auf seinen Reisen ein persönliches
Drama zum Verhängnis geworden ist.

## *Den Wellen entgegen*

Geschichten für alle, die das Meer lieben. Herausgegeben
von Thomas Peter. 320 Seiten. Geb.

Das Meer birgt Rätsel und Gefahren, es erzählt Mythen,
verzaubert uns und weckt doch Abscheu. Das Meer bringt
den Tod und die Sehnsucht.
Immer hat es die großen Erzähler zu faszinierenden
Berichten und Romanen inspiriert, von Robert Louis
Stevenson und Jules Verne bis zu Ernest Hemingway. Ob
an der kurischen Küste von Eduard Keyserling oder der
italienischen Riviera von Patricia Highsmith – das Meer
weckt unsere Leidenschaften. Es kann von Liebe und
Mord erzählen, von abenteuerlichen Reisen in entlegene
Winkel der Erde, von wütenden Stürmen, Schiffbruch und
dem Stillstand der Zeit.
»Den Wellen entgegen« versammelt Geschichten über die
See und die Küste, Spannendes und Sinnliches, Literatur
und Abenteuer.

ANTIQVA:

Riseland    D    Iotun heim.

Grö

Maudjaland
York

hoyerweg

Helleland    G

York
Markland

Winlandia

A

Skralinge
land

Promontorium

B

York   O

70

65

60

55

290    300    310    320